2019

中国 陕西

**2019 CHINA
SHAANXI**

陕西省人民政府新闻办公室 编

Information Office of Shaanxi
Provincial People's
Government

陕西新华出版传媒集团

陕 西 人 民 出 版 社

了解中国从陕西开始

陕西，地处中国地理版图的几何中心，承东启西、连接南北，区位独特；陕西，是中华民族和华夏文化的重要发祥地之一，拥有众多中华文明、中国革命、中华地理的精神标识和自然标识；陕西，自古以来就是中国重要的对外开放门户，"一带一路"使之进入向西开放的前沿，正在演绎着中国迈向世界的蓬勃生机。

这里，有中华民族的辉煌篇章和深刻印记。黄帝陵、兵马俑、大雁塔、小雁塔、西安城墙、法门寺、楼观台，以及周、秦、汉、唐等10多个朝代上千年的建都史，留下了5万多处不可移动的珍贵遗址、超过100万件的馆藏文物，诉说着东方文明古国的恒久魅力。

这里，有中国共产党的成功真谛和不变初心。延安、照金、梁家河等红色资源薪火相传，枣园、杨家岭、马栏等革命旧址游人如潮；巍巍宝塔熠熠生辉，一直见证着中国共产党人的伟大奋斗；延安精神光照千秋，激励着一代又一代人砥砺前行；梁家河村成为中国改革开放40年的见证。

这里，有当代中国的崭新画卷和精彩故事。党的十八大以来，陕西经济社会发展取得长足进步，产业新区建设如火如荼，立体交通四通八达，网络互联改变生活；大型运输机、新能源汽车、高端液晶面板、航天动力等成为新名片，秦腔、华阴老腔、陕北民歌、西安鼓乐等依然高亢嘹亮，历史与现代在这里交相辉映，传统与时尚在这里完美融合；举办丝路国际经贸文化活动，打造"一带一路"核心区，建设高水平自贸区，让世界把更多的目光投向这里,从陕西开始,了解中国;大地的主色调由黄变绿,渭河汉江清澈安澜,"秦岭四宝"生活悠然,四季美景让人心怡。

进入新时代,陕西正在贯彻习近平新时代中国特色社会主义思想和十九大精神,紧盯追赶超越目标,践行"五个扎实"要求,通过培育新动能、构筑新高地、激发新活力、共建新生活、彰显新形象,加快富民强省、决胜全面小康,推进质量变革、效率变革和动力变革,发展枢纽经济、门户经济、流动经济,不断满足人民日益增长的美好生活需要,为实现中华民族伟大复兴的中国梦谱写精彩篇章。

来到陕西,可触摸中华民族生生不息的根脉,可尽览中华人文多姿多彩的风情,可感知中国变革行稳致远的律动。了解中国,从陕西开始!

目录
Contents

2019

中国 陕西

2019 CHINA
SHAANXI

第一篇
THE FIRST PART

美丽陕西

沟壑纵横的陕北高原、横亘关中的八百里秦川、山青水绿的秦巴山地，咆哮的黄河、苍翠的秦岭、耸立的城墙、庄严的兵马俑，混合着丝路的驼铃、雁塔的晨钟、大剧院的欢歌热舞、城墙下咖啡馆的氤氲香味……新的时代，处于中国内陆腹地的美丽陕西，已成为传统与时尚交汇的"文化陕西"，焕发出越来越独特的光彩。

ZIRAN HUANJING

一、自然环境

1. 地理位置

陕西位于东经 105° 29′ —111° 15′ 、北纬 31° 42′ —39° 35′ 之间，地处中国内陆腹地，东邻山西、河南，西连宁夏、甘肃，南抵四川、重庆、湖北，

陕西在中国的地理位置示意图

北接内蒙古，是连接中国东、中部地区和西北、西南的交通枢纽。中国的大地原点就在陕西省泾阳县永乐镇。

　　陕西辖西安一个副省级市和宝鸡、咸阳、铜川、渭南、延安、榆林、汉中、

陕西省行政区划简图

二、历史文化

在中华文明传承的漫长历史中，陕西的地位举足轻重。中华人文始祖黄帝5000年前即在这里开创了中华文明；哲学家老子2500年前在这里授道，成就了中国古代的哲学巅峰；西汉时代的张骞，从长安出使西域，开辟了绵延2100多年、贯穿欧亚的丝绸之路；周、秦、汉、唐等14个朝代曾经在陕西建都；"世界第八大奇迹"兵马俑、法门寺、大雁塔等文物古迹举世闻名；世界上迄今保存最完整的城墙（明代），令世人瞩目。

1. 悠久历史

115万年前的陕西蓝田一带，繁衍生息着蓝田猿人，他们是迄今为止发现的陕西境内最早的原始人类，也是亚洲北部最早的直立人。蓝田猿人会用石块打制多种实用工具，制造出最古老的狩猎工具——石球，并开始使用天然火种，吃熟食。

6000多年以前，在西安东郊的浐河岸边，生活着一群处于母系氏族繁荣时期的半坡人，他们使用骨制的箭头、鱼钩以及骨针等生产工具，还制造出陶器。半坡先民们"刀耕火种"，开始了定居生活。

黄帝是古华夏部落联盟的首领，他以统一华夏部落和征服九夷、九黎

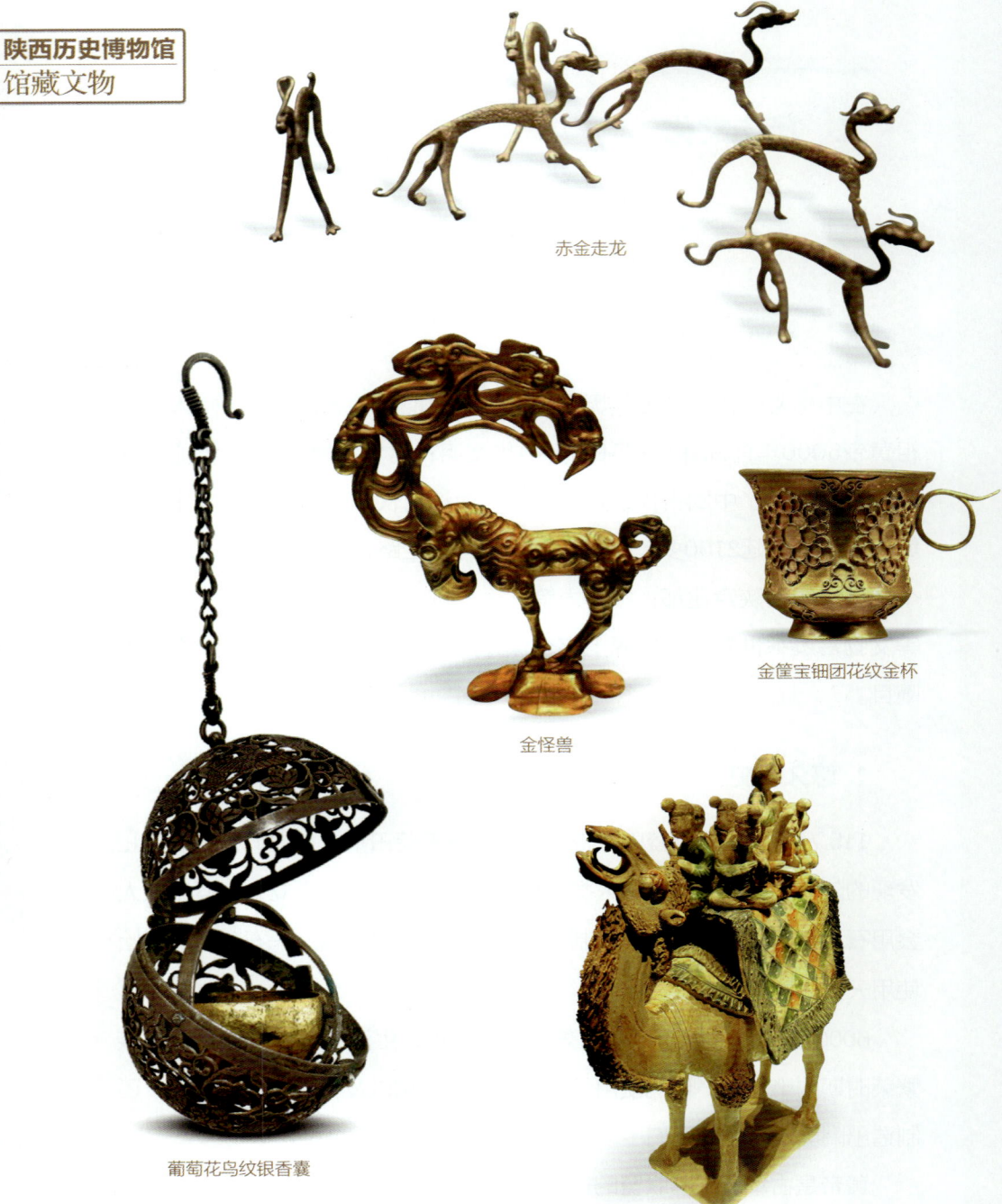

赤金走龙

金怪兽

金筐宝钿团花纹金杯

葡萄花鸟纹银香囊

唐三彩

族，最终统一中华的伟绩而被载入史册。炎帝发明了耕作技术，找到了现代人熟知的"五谷"，被尊称为"神农"。陕西是炎黄二帝重要的活动地域，神木市的石峁遗址相传就是黄帝部族的居邑。位于黄陵县的黄帝陵和位于宝鸡市的炎帝陵，则已成为中华文明发祥地的重要标志。

周朝是继夏、商之后，中国历史上又一个统一的王朝，周朝人创造了影响中国文化数千年的礼乐文明。周武王的胞弟周公和大臣召公的封邑以陕原（今河南陕县境内）为界，陕原以东属召公管辖，陕原以西属周公管辖，后人因此称陕原以西地区为"陕西"，陕西因之而得名。春秋战国时期，陕西为秦国的治地，所以陕西又简称"秦"。公元前221年，中国历史上第一个中央集权的封建王朝——秦王朝建立。咸阳成为当时秦朝的首都。

公元前202年，刘邦即皇帝位，定国号为汉。西汉是中国历史发展的一个高峰，社会、经济、文化全面发展，综合国力强大。西汉都城长安的城市规模比西方罗马城大了三倍，是当时世界上最大的城市。

汉武帝建元元年（前140），张骞（汉中郡城固人，今陕西城固人）应募出使西域，开辟了绵延2100多年、贯穿欧亚的丝绸之路，促进了亚

丝绸之路路线示意图

欧非各国和中国的友好往来。张骞被誉为中华文明的第一位使者和天才外交家。陕西因此成为汉唐时期丝绸之路的起点。

581年，杨坚建立隋朝。第二年，隋创建了一座规模宏大的新都城（今西安市区所在地），当时名"大兴城"。

618年，李渊建立了唐王朝。从唐太宗李世民的贞观元年到贞观二十三年（627—649），经济与文化繁荣，天下大治，史称"贞观之治"。唐帝国成为中国历代最强盛的王朝。当时的唐都长安，城周长35.5千米，人口超过100万，不仅是中国政治、经济、文化的中心，也是国际著名的大都市。

唐朝的农业、手工业以及贸易都十分发达，特别是手工业中的丝绸纺织业、陶瓷业更是驰名中外，金银器制作工艺精美绝伦，美丽的唐三彩绚丽斑斓。唐朝的科学和文化艺术也空前发达，唐代书法和绘画名作千古垂范，唐诗盛传不衰。

唐代以后，随着统治中心东移，陕西不再是中国政治、经济中心。但由于人文和地理条件优越，使得陕西物产丰富、交通发达、四塞险固，在政治、经济和军事上仍占有重要地位，历经五代、宋、元、明、清，直到近代，一直是西部重镇。

2. 红色革命

陕西是红色革命沃土，延安是中国革命圣地。1935年10月，中央红军胜利到达陕北吴起镇，延安成为长征的落脚点。从1935年到1948年3月，延安是中共中央的所在地，是中国人民解放斗争的总后方。13年间，这里经历了抗日战争、解放战争和整风运动、大生产运动、中共七大等一系列影响和改变中国历史进程的重大事件。特别是毛泽东等老一辈革命家亲手培育形成的延安精神，是中华民族精神宝库中的珍贵财富，成为建设

陕甘边照金革命根据地纪念馆

中国特色社会主义的重要精神支柱。延安宝塔山是中国革命的灯塔，成为当时全国有识之士向往的精神高地。

延安现存革命旧址445处，其中宝塔山、凤凰山、杨家岭、枣园、王家坪、陕甘宁边区政府旧址等最为著名。

陕甘边照金革命根据地位于铜川市耀州区。20世纪30年代初，在极其艰难困苦的情况下，刘志丹、谢子长、习仲勋等老一辈革命家在这里英勇开展革命活动，组建了中国工农红军第二十六军，成立了陕甘边特委和陕甘边革命委员会，创建了以照金为中心的陕甘边革命根据地。陕甘边照金革命根据地的建立，点燃了西北革命的火种，为后来陕北革命根据地的建立创造了条件，在中国革命史上留下了光辉的一页。

2004年，陕甘边照金革命根据地纪念馆正式开馆，被列为全国100个红色旅游经典景区之一。

梁家河村位于延川县文安驿镇，曾经是一个贫穷的陕北小山村。20世纪60年代末，习近平等一批北京知青来到这里插队，带领和帮助村民

梁家河知青窑洞

们摆脱贫困。从 1969 年到 1975 年的七年间，习近平与梁家河村的乡亲们结下了深厚的情谊。1993 年、2015 年，他两次回到梁家河探望乡亲。他说："陕西是根，延安是魂，延川是第二故乡。"

如今，梁家河村发生了翻天覆地的变化，成为改革开放以来中国社会发展进步的一个缩影。

3. 民间艺术

陕西积淀了丰富多彩的民间艺术，地域特色鲜明。许多项目被列入国家非物质文化遗产名录。户县（西安市鄠邑区）、安塞（延安市安塞区）、洛川、旬邑、宜君、延川等县区被文化和旅游部命名为"全国民间绘画之乡"；定边、靖边、富县、洛川、旬邑、安塞等县区被文化和旅游部命名为"民间剪纸之乡"；安塞、洛川、宜川、凤翔、千阳县南塞乡、合阳县甘井乡等被文化和旅游部命名为"中国民间艺术之乡"；安塞被中国文联、中国曲协评为"中国曲艺之乡"，是陕西省唯一的全国文化"五乡"（此前安塞被文化和旅游部授予"腰鼓之乡""剪纸之乡""民间绘画之乡""民歌之乡"）。目前陕西省入选《联合国教科文组织人类非物质文化遗产代表作名录》的有西安鼓乐、中国剪纸、中国皮影戏 3 项。

秦腔形成于明代万历年间，距今已有 500 余年的历史。它源于陕西、甘肃一带的民间曲调和宋金元的铙鼓杂剧，流行于陕西、甘肃、宁夏、青海、新疆、西藏等地。陕甘一带古为秦地，故称其为"秦腔"。又因其以枣木梆子为击节乐器，所以又叫"梆子腔"，俗称"乱弹"。秦腔风格既有浑厚深沉、悲壮高亢、慷慨激昂的一面，又有缠绵悱恻、轻快活泼的特点，是中国最具代表性的古老剧种之一。

陕北民歌是黄土文化的特色和精粹，信天游是其中最富特色的一种；陕北剪纸享誉中外，是最具边塞文化特色的民间艺术奇葩；秧歌又称"闹红火""闹秧歌"等，逢年过节，扭秧歌是陕北人民必不可少的娱乐活动；安塞腰鼓是一种独具陕北特色的传统民间大型舞蹈艺术。

关中地区的民间文化有被誉为黄土高坡上"最早的摇滚"的华阴老腔，其声腔刚直高亢、磅礴豪迈，追求自在、随性的痛快感，听起来颇有关西大汉咏唱大江

秦腔的角色扮相

东去之慨；社火是关中地区传统的民俗文娱活动；凤翔彩绘泥塑历史悠久，在春秋战国及汉唐墓葬中已有陪葬泥俑；户县农民画源于民间，以朴实的绘画语言，详尽而生动地记录了绚丽多彩的民风民俗。

陕南地区的汉剧为京剧的形成做出过特殊贡献；紫阳民歌是陕南地区传统民歌中最具代表性的曲种；汉中木版年画以人物为主，以门神见长，造型优美大方，各有情态。

陕西皮影

4. 现代文化

随着时代的发展，新兴的文化形态与陕西古老文化不断交融，展现出"历史与现代交相辉映、传统与时尚完美融合"的独特风采。

数百年来，西安城墙见证了这座城市的变迁。在西安，充满浓郁现代风情的咖啡一条街就坐落于古朴、厚重的德福巷，与西安明城墙相依相傍。

近年来，城墙脚下已经成为西安文艺消费的重要阵地，这里是人气最旺的酒吧、咖啡厅的聚集地。西安的年轻人在快节奏的工作之余，汇聚此地，于推杯换盏间消磨四季流光，成为西安都市夜生活的一道闪耀的风景。

2018 年 5 月 1 日晚 8 时 30 分，在西安城墙南门段上空，1374 架无人机同时升空，规模空前，上演了一场集光影科技、现代艺术、古城文化于一体的光影盛宴。

西安最具活力的创业咖啡街区，为创客推开了世界之门，为城市创新创业注入了强大动力，成为展示城市双创美丽的时尚地标。其开放式的街区让人赏心悦目，跳跃的色彩、时尚的符号、别样的设计，每一个元素都带着青春的气息。这里聚集了星巴克、M+CAFE、北大一八九八 24 小时咖啡书吧、木艺工坊等知名品牌，也有 CitiGO 酒店、E 客公寓、樊登读书会等高端配套服务机构，西安创业咖啡街区将建成西安最具时代感的创新创业文化社群的众创聚集区。

陕西大剧院是西北地区首个国际化、专业化、综合性的大剧院，为艺术家提供一流的表演和交流平台，为公众提供一流的艺术欣赏体验，成为

西安创业咖啡街区

陕西文化艺术走向世界的梦想之地，是展示古都文化魅力的重要窗口。

西安音乐厅总建筑面积超过 1.8 万平方米。作为西北地区首屈一指的演出场馆，西安音乐厅既承载着西安浓厚的人文气质，又立足国际文化交流，是享誉古城西安的文化地标。

西安美术馆自开馆以来，已成功举办了数十场大型艺术展览，以众多

新唐人街，西安音乐厅和西安美术馆就坐落在这条街上

高水准、重量级的大型展览展示了自己的艺术实力，震动了陕西艺术界，引发了全国关注。

　　大华·1935 创意街区为大明宫国家遗址保护区综合商业配套项目，打造了以工业遗产保护为主题，融合时尚、美食、文化、休闲、娱乐、购物、旅游等城市综合消费的跨界文化商业中心。

秦腔

蓝田普化水会音乐

凤翔泥塑

耀州窑陶瓷烧制技艺

安塞腰鼓

合阳提线木偶戏

汉调二黄

华县皮影戏

华阴老腔

阿宫腔

黄帝陵祭典

紫阳民歌

陕北秧歌

西安鼓乐

洛川蹩鼓

榆林小曲

陕北说书

汉调桄桄

澄城尧头陶瓷烧制技艺

商洛花鼓

弦板腔

宝鸡社火

安塞剪纸

凤翔木版年画

流光溢彩的大雁塔北广场

三、旅游胜地

1. 人文之旅

文化旅游一直是陕西旅游的优势与亮点。

自 1987 年秦始皇陵及兵马俑被列入世界文化遗产名录后，2014 年陕西境内的汉长安城未央宫遗址、唐长安城大明宫遗址、大雁塔、小雁塔、兴教寺塔、城固张骞墓、彬县大佛寺石窟也作为"丝绸之路：长安—天山廊道路网"项目的一部分成功入选。这七处遗址是丝绸之路鼎盛时期的文化遗产，是人类文明史上的璀璨明珠。

2017 年，汉中三堰——山河堰、五门堰和杨填堰成功申报世界灌溉工程遗产。作为中国古代汉中引褒水灌溉农田的伟大水利工程，汉中三堰距今已有 2000 多年的历史。

陕西现已发现 70 多座帝王陵寝，黄帝陵、炎帝陵、秦始皇陵与汉代的 11 座帝陵、唐代的 18 座帝陵等，代表着中华民族最丰富的历史记忆。

黄帝陵是中华民族人文始祖黄帝轩辕氏的陵墓，位于黄陵县北桥山，号称"天下第一陵"，为中国历代帝王和著名人士祭祀黄帝的场所。每年清明节，黄帝陵都会举行盛大的祭祀活动。

秦始皇陵兵马俑是世界最大的地下军事博物馆，是世界考古史上最伟大的发现之一。自 1976 年起，先后有 200 多位外国元首和政府首脑参观过兵马俑。秦始皇陵兵马俑已成为中国古代辉煌文明的一张名片，被誉为世界十大古墓稀世珍宝之一。

乾陵位于咸阳市乾县县城北部的梁山上，为唐高宗李治与武则天的合葬墓。乾陵采用"因山为陵"的建造方式，是唐十八陵中主墓保存最完好的一个。

陕西可称为国宝的古建筑及古园林数量众多，如西安城墙、钟楼、鼓楼、大雁塔、小雁塔、华清宫等。

西安城墙又称西安明城墙，是中国现存规模最大、保存最完整的古代城垣。稳固如山、风貌完全的城墙与护城河及环城公园组成了西安市最具特色的一大景观。

西安城墙一角

小雁塔

　　钟楼与鼓楼是西安的标志性建筑，位于西安市中心。钟楼与鼓楼两座明代建筑遥相呼应，蔚为壮观。

　　大雁塔位于西安南郊大慈恩寺内，是全国著名的古代建筑，被视为古都西安的象征。唐永徽三年（652），由玄奘为保存由天竺经丝绸之路带回长安的经卷与佛像而主持修建。大雁塔是中国现存最早、规模最大的唐代四方楼阁式塔楼。

　　小雁塔位于西安市南郊，建于唐代景龙年间，与大雁塔同为唐长安城保留至今的重要标志。小雁塔是中国早期方形密檐式砖塔的典型作品。

　　大雁塔与小雁塔是佛塔这种古印度佛寺的建筑形式融入华夏文化的典型物证。

华清宫也称华清池，位于西安市临潼区。始建于唐初，是唐代帝王游幸的别宫，鼎盛于唐玄宗执政以后。这里遗留有比较完整的周、秦、汉、唐、明、清等历代文化遗址、园林景观、古建筑及古树名木等，尤以唐明皇与杨贵妃缠绵的爱情故事和震惊中外的"西安事变"而蜚声天下。

大唐芙蓉园位于西安市城南的曲江开发区，大雁塔东南侧，是在唐代芙蓉园遗址以北，仿照唐代皇家园林式样重新建造的，中国第一个全方位展示盛唐风貌的大型皇家园林式文化主题公园。

佛教于西汉末年由印度传入陕西，已有 2000 多年的历史，从魏晋南北朝直到隋唐时期，长安一直是汉传佛教的活动中心，留下了大量的祖庭寺庙。

法门寺位于宝鸡市扶风县，始建于东汉明帝永平十一年（68），素有"关中塔庙始祖"之称。法门寺佛塔被誉为"护国真身宝塔"。法门寺地宫是迄今所见最大的塔下地宫，地宫中出土了释迦牟尼佛指骨舍利、铜浮屠、八重宝函、银花双轮十二环锡杖等佛教至高宝物。法门寺博物馆拥有出土于法门寺地宫的 2000 多件大唐国宝重器，为世界寺庙之最。1987 年，法门寺佛指舍利的发现，在国内外引起巨大轰动。法门寺成为国内外佛教徒朝拜的圣地。

2. 山水之旅

陕西地形狭长，地貌多样，山水川塬，各具特色。特殊的地理环境，造就了陕西集高原沟峁、平原沃野和江南水乡的风貌于一体、多姿多彩的奇幻景象。

陕北地势高亢，山峦起伏，沟壑纵横，气象壮美。八百里秦川横亘关中，平川与黄土塬地交错铺排，相映成趣。陕南青山绿水，风景如画，湖光山色相映生辉，峡谷溶洞遍布其间。

黄河乾坤湾

　　黄河在陕西省境内流经 3 市 13 县，奔腾咆哮，尽展壮丽风韵。它流经延川秦晋峡谷时形成了 320 度的大转弯——乾坤湾。乾坤湾形如太极阴阳鱼，环抱郁郁葱葱的青山，是黄河古道秦晋峡谷上一大天然景观，有"天下黄河第一湾"的美誉。黄河壶口瀑布位于延安市宜川县，黄河至此，两岸石壁峭立，河口收束狭如壶口，故名壶口瀑布。壶口瀑布是中国第二大瀑布，世界上最大的黄色瀑布。

　　渭河古称"渭水"，是黄河最大的支流。蜿蜒曲折的渭河自西向东，横贯关中，直出潼关。渭河沿途景色秀丽迷人，渭河生态画廊已经成为沿线居民休闲娱乐的好去处。

　　汉江为长江第一大支流。发源于秦岭与米仓山之间的宁强县冢山，干流自西向东经陕西流入湖北省，在汉口注入长江。汉江是中国中部区域水质标准最好的大河，有人称其是中国目前唯一没被污染的大江。汉江是南水北调的重要水源地。

　　秦岭是横亘于中国中部的东西走向的巨大山脉，全长1600千米，南北宽数十公里至二三百公里，面积广大，气势磅礴，蔚为壮观。秦岭因其独特的地理位置、奇异的生态特征，被誉为"中国人的中央国家公园"。

　　2009年，陕西秦岭终南山地质公园入选世界地质公园。因其在中国历史和文化中的独特地位，秦岭还被尊为华夏文明的龙脉。

太白山为秦岭山脉最高峰，位于秦岭北麓之眉县、太白县、周至县三县境内，是青藏高原以东第一高峰，其主峰拔仙台海拔 3767.2 米。

自古以来，太白山就以高、寒、险、奇、富饶、神秘闻名于世。"太

华山

白积雪六月天"是著名的"长安八景"之一。

　　华山是中国五大名山之一，位于华阴市境内，海拔 2154 米。华山挺拔险峻，终年云蒸霞蔚，南接秦岭，北瞰黄渭，扼大西北进出中原的门户，

素有"奇险天下第一山"之称。

金丝峡位于商洛市商南县，峡谷内风光秀丽，风格独特，风景如画，具有窄、长、秀、奇、险、幽的特点，集峰、石、洞、林、禽、兽、泉、潭、瀑等自然景观于一体，步移景异，景象万千。金丝峡具有秦岭地区最完整的嶂谷地质构造，为国家级地质公园。

3. 博物馆之旅

陕西被誉为中国天然历史博物馆，文化遗存丰富，文物点密度大、数量多、等级高，拥有中国各个历史时期具有代表性的文物古迹。陕西目前有 9 家国家一级博物馆和数十家免费博物馆，全面展示了三秦大地悠久的历史和灿烂辉煌的文化。

西安半坡博物馆位于西安市东郊浐河东岸、半坡村北，是中国第一座史前遗址博物馆，收藏文物 3 万多件，分为石器类、骨器类和陶器类。遗址大厅内保存着原始村落的一部分，充分展示了原始社会从人类出现到氏族社会的产生、发展、繁荣和解体的全过程，见证了黄河流域源远流长的人类文明与文化。

秦始皇兵马俑博物馆坐落于西安临潼区东，是建立在兵马俑坑原址上的遗址性博物馆。博物馆的一、二、三号坑中发掘出了 7000 多尊列为军阵的兵马俑，其形象栩栩如生，各有姿态。兵马俑是世界考古史上最伟大的发现之一，1987 年，联合国教科文组织将秦始皇陵及兵马俑坑列入"世界文化遗产名录"。

陕西历史博物馆位于西安小寨，是中国第一座大型现代化国家级博物馆，馆藏文物数量多、种类全、品位高、价值广，上起远古人类初始阶段使用的简单石器，下至 1840 年前社会生活中的各类器物，时间跨度长达 100 多万年。其中汉唐金银器独步全国，唐墓壁画举世无双，被誉为"古

西安碑林博物馆

都明珠，华夏宝库"。

西安碑林博物馆创建于公元 1087 年，是陕西创建最早的博物馆。博物馆以收藏、陈列和研究历代碑刻、墓志及石刻为主，因碑石如林，故名碑林。著名的"开成石经""大秦景教流传中国碑""昭陵六骏"中的"四骏"均藏于此馆。碑林博物馆是中国古代书法艺术的宝库，反映了中外文化交流的史实。

汉阳陵博物馆一角

汉阳陵博物馆位于咸阳市，依托西汉第四位皇帝景帝与王皇后同茔异穴合葬的阳陵陵园而建，是中国占地面积最大的博物馆。博大精深的汉文化、美轮美奂的出土文物、独一无二的地下遗址博物馆、秀丽宜人的园林风光，使汉阳陵博物馆日益发展成为独具魅力的大型文化旅游景区。

延安革命纪念馆位于延安市宝塔区，是中华人民共和国成立后最早建立的革命纪念馆之一。纪念馆展出大量珍贵的革命文物、文献和照片，生动、形象地再现了老一辈革命家在延安住窑洞、吃小米、驱日寇的光辉业绩。

陕西国宝级文物——杜虎符

宝鸡青铜器博物院位于宝鸡市，是目前国内唯一以青铜器命名的综合性博物馆。宝鸡是中国周秦文化的重要发源地之一，周人和秦人的祖先都在这里生活过，因此，宝鸡成为中国出土周秦时期青铜器最多的地区，被誉为"青铜器之乡"。

大唐西市博物馆是建于唐长安西市遗址上的中国首座民营遗址类博物馆。大唐西市博物馆成为全国首家，也是唯一一家获评国家一级博物馆的非国有博物馆。

巍巍秦岭

秦岭——中国南北分界线

秦岭是横亘于中国中部的东西走向的巨大山脉。秦岭山脉全长 1600 千米，南北宽数十千米至二三百千米，面积广大，气势磅礴，蔚为壮观。

在地理学家眼里，秦岭是南方和北方的分界线，是长江黄河的分水岭；在动物学家眼里，秦岭将动物区系划分为古北界和东洋界，两类截然不同的动物在这里交会、融合；在基因学家眼里，秦岭生物多样性极为丰富，素有"生物基因库""天然博物馆"之称；在气候学家眼里，秦岭是北亚热带和暖温带的过渡地带；在文学家眼里，秦岭和黄河并称为中华民族的父亲山、母亲河。

秦岭南北的自然景观差异明显。野生动物中有大熊猫、金丝猴、羚牛等珍贵品种，鸟类有朱鹮和黑鹳。秦岭南北的人文景观亦各具特色。北面的关中平原史称"八百里秦川"，是中国的文物古迹荟萃之地。秦岭间南北向的深切河谷自古就是南北交通孔道，其中著名的有陈仓道、子午道、褒斜道，以及傥骆道、周洋道。

在秦岭北坡及关中平原南缘现存众多的文物古迹，流传着丰富的历史故事。有秦始皇陵及许多帝王陵墓群、周代沣镐遗址、秦阿房宫遗址、楼观台、张良墓、蔡伦墓等古迹。位于西安市南 40 余千米的终南山自古风景秀丽，是古时宗教活动的重要场所。

秦岭庞大而绵长的身躯阻断了南北气流，才形成了中国南雨北雪、南船北马的自然风貌差异，以及南方的温婉与北方的豪放等人文差异与文化的多样性。

秦岭四宝——大熊猫、朱鹮、羚牛、金丝猴

秦岭珍稀植物——大花杓兰、巴山冷杉果实、红豆杉果实、星叶草果实

2019

中国 陕西

2019 CHINA
SHAANXI

第二篇
THE SECOND PART

活力陕西

2018 年是全面贯彻党的十九大精神的开局之年，也是陕西发展进程中不平凡的一年。面对各种风险挑战和繁重的发展任务，陕西坚持稳中求进工作总基调，落实高质量发展要求，以供给侧结构性改革为主线，统筹推进稳增长、促改革、调结构、惠民生、防风险等各项工作，经济持续健康发展，社会局面稳定繁荣。

JINGJI FAZHAN
一、经济发展

　　2018 年，陕西实现生产总值 2.44 万亿元，增长 8.3%，完成地方财政收入 2243.11 亿元，增长 11.8%，城乡居民人均可支配收入分别增长 8.1% 和 9.2%。

西安阎良国家航空高新技术产业基地

1. 三次产业增势良好

2018 年，全省第一产业增加值 1830.19 亿元，较上年增长 3.2%；第二产业增加值 12157.48 亿元，较上年增长 8.7%；第三产业增加值 10450.65 亿元，较上年增长 8.8%。

民间投资成为投资增长主动力

2018 年，陕西省固定资产投资（不含农户）增长 10.4%，增速高于全国 4.5 个百分点。民间投资表现抢眼，全省民间投资增长 22.3%，达到 2014 年以来最高水平，高于全国 13.6 个百分点，拉动全省投资增长 9.1 个百分点，是陕西省投资增长的重要动力源。

对外贸易高速增长

近年来，陕西省抓住机遇，积极融入"一带一路"建设大格局，在"三个经济"引领下，经济更加开放，发展更具活力，对外贸易持续保

陕西电子信息集团研发中心生产线上，技术人员正在生产芯片

持高速增长，增速位居全国前列。2018 年，陕西省进出口总额 3513.78 亿元，较上年增长 29.3%。其中，出口 2078.68 亿元，增长 25.3%；进口 1435.10 亿元，增长 35.4%。

新兴动能持续发力

2018 年，陕西省战略性新兴产业实现增加值 2649.88 亿元，较上年增长 10.4%。以高技术产业为代表的先进制造业快速发展，其中计算机、通信和其他电子设备制造业增长 20.2%，加快 6.6 个百分点。代表工业发展新方向、技术附加值高、符合消费升级方向的产品生产形势良好。陕西省新能源汽车、光纤、工业机器人、太阳能电池产量分别增长 70%、

◎ 链接

　　2018 年，陕西新能源汽车年产销量达到 13.85 万辆，增长 70.02%，跃升全国第一位。

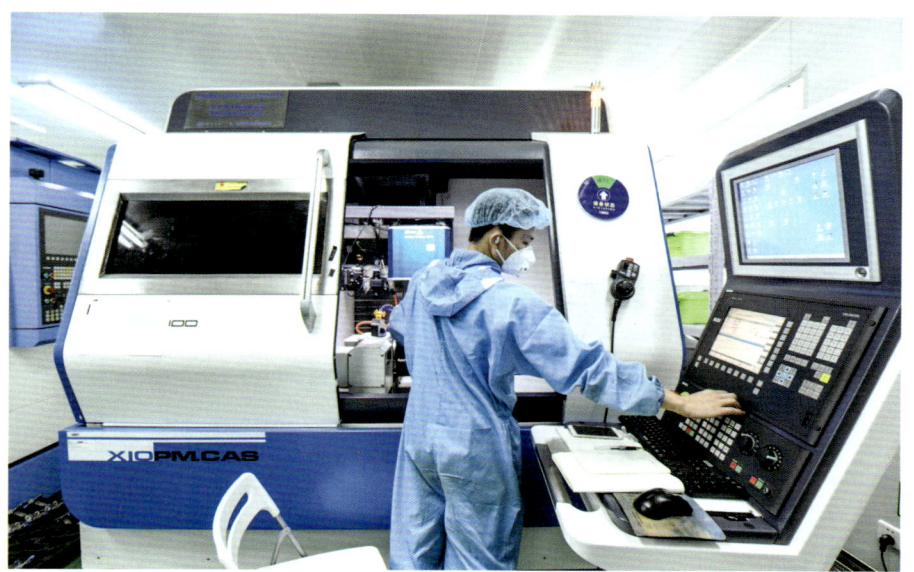

西安光机所累计孵化科技企业超过 130 家，其中 55 家由海外引进团队孵化

51.3%、36.9%、19.4%。

2. 创新驱动

创新是引领发展的第一动力，是建设现代化经济体系的战略支撑。陕西省委、省政府围绕建设创新型省份目标，大力实施创新驱动战略，将科技和经济紧密结合、创新成果和产业发展紧密对接，形成了具有陕西特色和优势的创新驱动发展体系。

2018 年，陕西省综合科技创新水平指数 66.58，居全国第 9 位，其中科技活动产出指数 76.06，居全国第 4 位；科技进步贡献率由 57.5% 提高至 58.3%；技术合同交易额达到 1125 亿元，增长 21.97%；获国家自然科学基金立项 2132 项，居全国第 6 位；高新技术企业数量突破 2500 家，较上年增加 330 家。我省 33 项科技成果获国家科学技术奖励。

西安航天精密机电研究所机器人事业部的调试车间

◎链接

　　陕西省积极推动三星芯片二期、奕斯伟硅材料基地、咸阳彩虹8.6代线等重点项目建设，建成后将填补省内产业链空白。

3. 军民融合

　　陕西省拥有一大批军事机构、军工单位和高技术民营企业，具有大力实践和推进军民融合发展的优势。"十二五"以来，在陕军工单位累计承担各类军民品科研项目1.95万多项，累计申请专利1.8万多项，获得授权专利9300项，国防专利累计保有量位列全国第二；转化开发了2000余种民用产品，形成了产业规模。"十二五"以来，全省军民融合产业总收入年均增长11.1%，逐步形成了民用航空、民用航天、专用设备制造、

西安西电开关电器有限公司产品远销28个国家地区

西安迈科金属国际集团有限公司，现为国内三大有色金属贸易集团之一

电子信息、特种化工、新材料、新能源等特色主导产业。

陕西省的 300 多家地方军工电子和军品民口配套单位，多年来承担了大型飞机、载人航天、探月工程、卫星导航、高分系统等重大专项的总体和关键分系统及重大配套研制任务，为武器装备提供了多种配套产品；国家多个行业的标准化委员会或重点实验室、工程中心、研制中心设立在民口单位；部分民口单位拥有国家级、省部级技术中心和检测中心，拥有国际先进的产品生产线及国内一流的生产、试验检测设备，能够满足军品配套产品的研制生产。

陕西省采取军地共建、地方或军工集团主导等多种方式，推进军民融合专业园区建设，目前已初步建成航空、航天、兵器三大产业基地和航空智慧新城、船舶科技、军工电子、通用航空、航空装备制造、航空维修服务、军民用新材料七大军民融合专业园区，成为军民融合产业的"孵化器"。截至目前，各园区共聚集吸纳规模以上企业 600 多户，实现产值规模 2000 亿元，初步形成了产业特色鲜明、配套条件完善、集群效应凸显的发展态势。

4. 全域旅游

陕西旅游业坚持"历史与现代交相辉映、传统与时尚完美融合"的定位，在原有的十大热门旅游区——西安古城旅游区、临潼风景名胜区、长安古寺庙旅游区、华山风光旅游区、汉唐帝王陵墓区、法门寺佛教文化旅游区、延安"三黄一圣"旅游区、榆林塞上风光旅游区、渭南黄河风景名胜游览区、秦岭山水文化旅游区的基础上，兑现"旅游＋"融合发展措施，形成综合产业综合抓的"全域旅游陕西样本"，重点打造了四大旅游高地：丝绸之路起点旅游走廊、秦岭人文生态旅游度假圈、黄河旅游带、红色旅游系列景区，实现了旅游产业大发展。

沿黄公路

　　2018年，陕西省接待境内外游客6.3亿人次，同比增长20.54%，旅游总收入5994.66亿元，同比增长24.54%。旅游在稳增长、调结构、促就业、惠民生中的积极作用日益显著。

　　2018年，陕西省新建旅游厕所超过1000座，"厕所所长制"全面推行；新建旅游集散中心20个，自驾车营地30个。省市两级智慧旅游平台建设稳步推进，全部5A、4A级景区数据接入完成，4A级以上景区游客聚集区全部实现Wi-Fi覆盖。

蜿蜒在群山中的高速公路

二、文化建设

　　陕西立足依托丰富的文化资源，打造文学陕军、西部影视、陕西戏曲、长安画派、黄土画派、陕西曲艺、陕西民歌、旅游演艺、民间文艺等品牌，叫响做实"文化陕西"，奋力建设文化强省。

　　2018 年，陕西省文化产业投资较上年增长 29.7%，较上年加快 8.4

大唐西市文化产业投资集团成为国家级文化产业示范基地

个百分点。文化惠民工程持续实施，24 个县进入全国文化先进县行列。2018 年，陕西省将文化建设与脱贫攻坚紧密结合，加快改善贫困地区文化基础设施建设，确保广大群众享受文化建设的福祉。

1. 文学陕军

中华人民共和国成立后，以柳青、胡采、王汶石、李若冰、魏钢焰为代表的陕西作家群，在中国当代文学史上占据了重要地位。改革开放以来，一批陕西中青年作家迅速崛起，发表了大量优秀作品。著名作家路遥的《平凡的世界》、陈忠实的《白鹿原》、贾平凹的《秦腔》分别获得第三届、第四届、第七届茅盾文学奖。

2018 年，陕西作家的四部作品《人生》《平凡的世界》《白鹿原》《浮躁》入选由中国作协、小说选刊杂志社评选的"中国改革开放四十周年最

陕西获得"茅盾文学奖"的作家及其作品

有影响力小说";《山本》《主角》两部作品同时荣登由中国作协、《长篇小说选刊》举办的第三届"长篇小说年度金榜"。青年作家弋舟凭借短篇小说《出警》荣获第七届鲁迅文学奖短篇小说奖。

◎链接

路遥荣获"改革先锋"称号

2018 年 12 月 18 日,中共中央、国务院召开庆祝改革开放 40 周年大会。会上,100 名为改革开放做出杰出贡献的个人被授予"改革先锋"称号。我省著名作家路遥作为"鼓舞亿万农村青年投身改革开放的优秀作家",被授予"改革先锋"称号。

2. 陕西书画

"长安画派"是中华人民共和国成立后,以中国美术家协会西北分会为中心，以石鲁、赵望云、袁柏涛等为代表的当代艺术流派。"黄土画派"是继"长安画派"之后的又一个令世界瞩目的绘画艺术流派，由刘文西所创。这些画家精心创作了一大批反映西部风情和生活风貌的杰作。

陕西被誉为中华"书法之乡"，历史上曾走出颜真卿、柳公权等极负盛名的书法大家。以西安碑林为代表的大量书法艺术瑰宝遗存，是中华瑰宝的一部分。1981年成立的陕西书法家协会，推动陕西书法界老中青相结合的创作队伍不断壮大。

2018年5月至11月，由陕西日报传媒集团联合"长安画派"举行的"风从长安来"系列展览相继在深圳、上海、南京举行，让数万名现场观众和超600万网络观众领略到了"长安画派"的艺术风采。

"风从长安来"系列展览

3. 西部影视

20世纪80年代，以西影厂为领军，陕西影视与"第五代"导演一起

电视剧《黄土高天》海报

话剧《平凡的世界》剧照

成就了"影视陕军"这一品牌，创造了一个辉煌时期，成为一个时代影视产业发展的标志。近年来，影视陕军开始重振昔日的辉煌，取得了较快的发展。

2018年，陕西省拍摄完成电影76部，同比增长18.7%，位居西部第一，全国前列。其中，21部影片荣获国内外33项大奖。

2018年11月1日，由陕文投集团投资制作、联合中央电视台等单位出品的38集"三农"主题电视剧《黄土高天》，作为中央电视台纪念改革开放40周年首部重点献礼剧在央视一套播出。

话剧《柳青》剧照

4. 曲艺成就

2018 年，陕西省舞台艺术精品不断涌现。陕西人民艺术剧院推出的话剧《平凡的世界》至今已经演出百余场。陕西省戏曲研究院推出秦腔现代戏《项链》，取材于法国作家莫泊桑的同名短篇小说，这种大胆的横向借鉴是陕西戏剧的一次创新尝试。西安话剧院创作排演的话剧《柳青》在第五届丝绸之路国际艺术节上首演，引发热烈反响。

SHENGTAI HUANJING
三、生态环境

　　陕西省坚持绿色发展，树立和践行"青山绿水就是金山银山"的理念，加快美丽陕西建设步伐，让三秦大地天更蓝、山更绿、水更清。

陕北相思川森林

1. 绿色版图

陕西作为全国退耕还林最早、面积最大的省份，其建设规模和投资额均居全国第一，加上天然林保护、"三北"防护林等重点工程建设，陕西省取得巨大生态、经济和社会效益。数据显示，40 多年来，三北地区森林覆盖率由 1977 年的 12.9% 上升到目前的 34.98%，绿色版图向北推进了 400 千米。

陕西省防护林体系建设区，由北向南分为长城沿线风沙区、陕北黄土丘陵沟壑区、渭北黄土高原区、关中平原区、秦巴山区五个地貌类型区。目前已建成了陕蒙交界、长城沿线、白于山北麓、榆定公路、黄河沿岸等

陕南春色

大型防风固沙林带，实现了由"沙进人退"到"人进沙退"的历史性转变。

　　根据关中、陕南、陕北三大区域板块地貌实际情况，陕西确定了"关中大地园林化、陕南山地森林化、陕北高原大绿化"的生态建设战略。

◎ 链接

　　秦岭生态功能保护区和自然保护区监管不断加强，佛坪、牛背梁、周至、洋县建成四大野生动物保护区。

2. 柔性治水

陕西以构建江河湖库渠池相连接、人工水道和自然水道相贯通的安全健康优美水系为抓手，将河流治理、湖池湿地修复等举措融入治水思路，基本形成了"布局合理、引排得当、蓄泄兼筹、丰枯调剂、上下互补"的水系联通体系，实现了刚性治水向柔性治水的转变。

2018 年，全省主要河流中，汉江、丹江和嘉陵江水质仍为优，渭河干支流水质明显好转，无定河水质优良，瀛湖、王瑶水库水质由良

渭河综合整治

◎ 链接

　　湿地具有不可替代的生态功能，因此被称为"地球之肾"。目前陕西已有西安浐灞国家湿地公园、宁强汉水源国家湿地公园、丹凤丹江国家湿地公园、千阳千湖国家湿地公园、太白石头河国家湿地公园、凤县嘉陵江国家湿地公园、蒲城卤阳湖国家湿地公园、铜川赵氏河国家湿地公园、淳化冶峪河国家湿地公园、三原清峪河国家湿地公园、旬邑马栏河国家湿地公园等 11 个国家湿地公园，公园数量排名全国第一。

汉长安城城墙东南角遗址

浐灞湿地公园

好转为优。28 个城市集中式饮用水水源达标率 96.43%，水量达标率 99.78%。

◎ **链接**

随着"柔性治水"理念的深入，西安全市 8 条主要河流的水质得到有效改善，浐灞生态区周边负氧离子日均值达 3505 个每立方厘米，达到世界卫生组织清新空气标准的两倍。西安沿河绿化构筑的生态屏障，为城市人均提高了绿地面积约 3 平方米，24 处湖池湿地，为人均增加湿地面积 3.68 平方米、水面面积 1.6 平方米。

3. 保卫蓝天

2018 年，陕西发布《陕西省铁腕治霾打赢蓝天保卫战三年行动方案（2018—2020 年）》和《陕西省铁腕治霾打赢蓝天保卫战 2018 年工作要点》。汾渭平原首次被列为大气污染防治重点地区。

蓝天白云映衬下的曲江

　　2018 年，陕西省单位生产总值能耗下降 4.7% 左右。在节能降耗各项政策措施的作用下，陕西省空气质量明显改善，PM2.5 平均浓度为 51 微克每立方米，同比下降 10.5%；平均优良天数 242.8 天，同比增加 4.3 天，全省绝大部分地区空气质量持续改善。

姿态优美的朱鹮

第三篇
THE THIRD PART

幸福陕西

民生是"人民幸福之基、社会和谐之本"，2018 年，陕西省大力实施乡村振兴战略，把脱贫攻坚作为头等大事和第一民生工程。同时，持续提高保障和改善民生水平，不断满足全省群众日益增长的美好生活需要。陕西省民生经济向结构优化、质量提升方向稳步推进。三秦百姓的幸福感、获得感日益增强。

BIANJIE SHENGHUO
一、便捷生活

1. 交通便利

2018 年，陕西以构建陆空联动、运行高效、安全可靠、综合交通网络为重点，建设起全方位立体化开放大通道，人民出行更为便捷。

2018 年 1 月至 7 月，西部机场集团旅客吞吐量同比增长 17.6%

　　铁路建设规模突破 1800 千米，银川至西安高铁建设顺利推进，西安至延安高铁开工建设，西安至十堰、西安至安康、延安至榆林高铁前期工作加快推进。西安机场城际线北客站至空港新城段建成，西安至法门寺等4 条城际铁路控制性工程有序推进。阳安铁路大岭铺至安康东直通线建成通车。

　　高速公路建设规模突破 1600 千米，22 个续建项目全面展开，吴起至定边、陕甘界至陇县、柞水至山阳、宝鸡过境凉泉至苟家岭和潘家湾至凉泉等 5 个项目 196 千米建成通车，全省高速公路通车里程达到 5475 千米。干线公路建设规模突破 2500 千米，建成通车或主体完工 32 个项目 1000千米。新改建、完善农村公路 12304 千米，其中新建成通村公路 908 千米，实现了 100% 乡镇、100% 建制村通沥青（水泥）路。

西安绕城高速公路方新村立交

方便快捷的西安地铁

西安咸阳国际机场旅客吞吐量近 4500 万人次，居全国第 7 位，货邮吞吐量达 31 万吨。西北国际货运航空公司挂牌组建。全力推进西安咸阳国际机场三期建设前期工作，延安南泥湾机场建成投运。

2018 年，陕西省公路、水路累计完成客货运量 6 亿人次、13 亿吨。全省高速铁路客运量增加迅猛，中欧班列长安号实际开行量达 1235 列，居全国第 1 位，重载率、货运量全国领先。

城市轨道交通方面，目前西安已开通运营了1—4号地铁线，日均客流量200多万人次。

2. "互联网 +" 新生活

2018 年，陕西省依托互联网、大数据、云计算等新技术新手段，搭乘网络时代的高速列车，让民众享受到了现代生活的高效、便捷。民众可通过手机 App 在出行、医疗、金融服务等各领域享受便利。

在民生服务方面，陕西省政府支持腾讯大秦网、微信支付、互联网金融等项目发展，重点推进陕西在公安、税务、医保、校园、生活缴费、老龄服务、公益慈善等民生领域的互联网＋应用，提高网络民生智慧应用水平。

在建立"互联网＋产业"方面，为推动陕西优势旅游资源的开发，利用移动互联网手段更好地宣传推广、让陕西走向世界，培育了一批本地化的软件服务和运营企业，谋划实施了制造业领域的云计算、大数据中心等项目，为中小微企业提供一体化云服务。

在出行方面，陕西省和各大公司合作，从"互联网＋交通服务"开始，通过云计算、人工智能、移动支付等先进技术，为市民出行带来更为安全、便捷的体验。腾讯交通乘车码等新科技将在客票、ETC、公交等领域全方位应用，用户可借助二维码快速过闸机。陕西道路客运联网售票平台

第三届中国"互联网＋"大学生创新创业大赛"青年红色筑梦之旅"

便捷出行

也已正式上线运行,公众可通过陕西公路客票网、手机 App 及微信公众号、自助终端等多种渠道,查询到客运站的班次、余票、票价等信息并实现购票。

MINSHENG GONGCHENG
二、民生工程

2018 年，陕西省瞄准民生领域的难点、痛点，着力破解群众反映强烈的问题，取得明显成效。

1. 教育

陕西省委、省政府坚持教育优先发展战略，不断深化教育综合改革，推动教育事业发展进入快车道，全省教育公共服务体系日臻完善，全面进入内涵发展的新阶段。

陕西省教育资源丰厚，共有高等学校 109 所，其中普通高校 83 所、成人高校 14 所、独立学院 12 所。有 8 所高校进入中国高校"双一流"建设名单。

在高校林立的陕西，西安交通大学占有举足轻重的地位，是教育部直属全国重点综合性研究型大学。西安交通大学是中国最早兴办的高等学府之一，其前身是 1896 年创建于上海的南洋公学，1921 年改称交通大学，1956 年国务院决定交通大学内迁西安，1959 年定名西安交通大学。2017 年末，习近平总书记对西安交通大学 15 位老教授来信做出重要指示，希望西安交大师生传承好西迁精神，为西部发展、国家建设奉献智慧和力量。

陕西另一所有百年历史的名校——西北大学，是由教育部与陕西省人民政府共建的综合性全国重点大学，也是中国西北地区历史最为悠久的高等学府。西北大学形成了"发扬民族精神，融合世界思想，肩负建设西北之重任"的办学理念，被誉为"经济学家的摇篮""作家摇篮"等。

2018年，陕西优先发展教育事业，学前三年毛入园率达到86.8%，改造农村薄弱学校1288所，省级标准化高中占比达到80.8%，高校"四个一流"建设全面推进。

2. 医疗

2018年，陕西省着力解决群众反映强烈的突出问题，持续深化综合医改试点，全面推进紧密型医联体建设，实现省内异地就医直接结算，全

阳光下欢乐的孩子们

老有所养，病有所医

省城乡居民医疗保险参保率超过 98.5%。跨省异地就医直接结算全面实现。深入推进医药卫生体制改革，分级诊疗覆盖 90% 的县级医院和 70% 的乡镇卫生院，累计治疗大骨节病等地方病患者 2.8 万人，社区卫生服务中心和乡镇卫生院实现中医馆全覆盖。城镇 12.5 万和农村 57.6 万低保对象实现应保尽保。

3. 养老

2018 年，陕西省出台《关于制定和实施老年人照顾服务项目的实施意见》，持续完善社保政策，企业退休人员基本养老金和城乡居民基础养老金、医保补助标准继续提高，加快发展居家社区养老服务。目前，陕西省养老服务机构和设施数量、千名老人床位拥有率均位居全国第一方阵。同时，落实企业职工基本养老保险中央调剂制度，继续提高城乡居民医保

未央区被征地农民参加养老保险

补助标准，同步调整 6 大类 18 个群体社保待遇，惠及 362 万人。

4. 住房

2018 年，陕西省坚持"房子是用来住的、不是用来炒的"定位，加快建立符合省情的多主体供给、多渠道保障、租购并举的住房制度，初步构建了以公共租赁住房、共有产权住房、棚改回迁安置住房、社会租赁住房、商品住房为支撑的住房保障和供应体系。

2018 年，陕西省保障性安居工程完成投资 562.3 亿元，争取中央资金 87.14 亿元，列入国家计划的政府投资公租房已分配 70.5 万套，分配率 97.33%，全国排名第五；棚改开工 20.281 万套，开工进度居全国第二；发放租赁补贴 8.143 万户，居全国第七。大力推进"和谐社区·幸福家园"创建工作，全省创建"和谐社区·幸福家园"小区 218 个。

保障性住房

　　为进一步完善和落实房地产调控措施，陕西省成立了房地产市场调控工作协调小组，建立了房价统计和市场监测预警指标体系，有效防范化解了住建领域的重大风险。2018 年，陕西省房地产开发完成投资 3534.67 亿元，同比增长 13.9%，增速较 2017 年同期提高 0.6 个百分点。

5. 全民健身

　　陕西省依托本地特有自然、文化等资源，加大财政投入力度，努力改善和建设群众身边的体育活动场地，开展丰富多彩的群众身边体育活动，推动体育产业融合发展，挖掘和释放体育消费潜力，走出了一条全民健身与健康中国建设的陕西路径。马拉松赛、群众足球三级联赛等群众体育项目，在全省各地如火如荼地开展。

2018 年 8 月 16—21 日，陕西省成功举办第十六届省运会，本届运动会参赛运动员 1.3 万人，裁判员 1500 人，观众 4.6 万人，赛会志愿者 1750 名。参赛人数、观众人数、参与人数是省运史上最多的一次。

2018 年 4 月 21 日，2018 西安城墙国际马拉松赛在西安城墙举行，吸引了来自 31 个国家及地区的 5000 名跑者参赛。

2018 年 8 月 19 日，陕西省第十六届运动会中，一名运动员正在进行撑竿跳比赛

陕西让多种形式的青少年体育活动深入校园，图为正在进行棒球训练的小学生

CHENGXIANG XINMAO

三、城乡新貌

2018 年，陕西坚持示范引领，大胆先行先试，走出了一条具有陕西特色的城乡统筹发展之路。

西安赛格广场现代化的停车场

1. 城市建设

陕西坚持把市政基础设施建设管理作为城市运行的"生命线"，全面贯彻绿色发展理念，积极推进重大市政基础设施建设，有效提升了城市综合承载能力。持续推进地下管廊、海绵城市建设，西安、延安 2 个省级试点城市地下综合管廊在建项目 47 个、总长度 45.18 千米，竣工项目 19 个、总长度 41.64 千米；西咸新区国家级海绵试点城市完成投资 24.92 亿元；宝鸡、铜川 2 个省级试点城市海绵城市建设累计完成投资 26.66 亿元，竣工项目 66 个，在建项目 14 个。扎实推进西安、延安、宝鸡"城市双修"和西安、延安城市设计国家级试点，积极开展了城市设计、"城市双修"

西安夜景

省级试点，有效改善了人居环境。

大力推进县城建设，对 18 个县给予专项资金重点支持。加强城镇污水垃圾运营监管，全省城镇污水处理率达到 85.5%，城镇生活垃圾处理率达到 89.6%，城镇污水处理综合排名居全国第 5 位。深入推进城市黑臭水体排查整治，扎实开展城市黑臭水体整治环境保护专项行动，为实现城市主要河流"长治久清"奠定了基础。加快排水防涝补短板项目建设，强化汛期房屋安全排查整治和建筑施工安全管理，进一步提升了应急保障能力。深入开展园林城市创建工作，向国家推荐申报 8 个国家级园林城市（县城），提请省政府命名 5 个省级（生态）园林城市（县城），命名了 85 家省级园林式单位和园林式居住区，较好地发挥了示范引领作用。

2. 乡村振兴

陕西省按照国家乡村振兴战略"产业兴旺、生态宜居、乡风文明、治理有效、生活富裕"的总体要求，结合实际情况，统筹推进农村经济社会发展，让农业成为有奔头的产业，让农民成为有吸引力的职业，让农村成为安居乐业的美丽家园。

陕西是传统农业大省。近年来，在调整工业结构的同时，陕西省加快现代农业标准体系建设，着力培育新型职业农民、投资新农民、建设新农村。

陕西地域及气候条件独特，生态多样，农产品种类丰富，粮、果、畜、菜、茶等特色产业资源优势明显。大力发展特色农业是陕西实施乡村振兴战略的有力举措。2018 年，陕西围绕"果业强、果农富、果乡美"三大目标，科学布局苹果、猕猴桃、葡萄、鲜食枣、柑橘、传统水果及时令水果七大板块，初步形成了关中奶畜、禽蛋，渭北肉牛、肉羊，陕北白绒山羊，陕南瘦肉型猪四大畜产经济产业带。扩大茶叶生产规模，提高产品质量，加大出口。支持食用菌、中药材及花卉苗木油料等特色产业发展。发挥杨凌农业高新技术产业示范区辐射带动作用，提升了农产品的加工水平。

加快美丽乡村建设是实施乡村振兴战略的重要环节。2018 年，陕西省围绕"环境整洁、设施齐备、生态良好、服务完善、乡风文明"的要求，着力推进改善农村人居环境，坚持开展美丽宜居示范村创建活动。

2018 年，陕西省为改善农村人居环境完成投资 247.21 亿元，使行政村生活垃圾和生活污水得到有效治理，村庄林木覆盖率达到 33.78%，农村自来水普及率达到 96.28%，自然村通动力电率达到 98.84%，村庄道路硬化率达到 98.37%，创建了 1447 个美丽宜居示范村。

2018 年，陕西持续把"两镇"建设作为重中之重，加大资金扶持力度，强化镇村建设管理，有效助推了乡村振兴。实施"两镇"建设以来，35 个重点示范镇累计建设道路 367.02 千米，垃圾、污水处理场 71 个，文体中心（广场）59 个，医院敬老院 54 个，小学、幼儿园、初中全覆盖，11 个镇建成高中，镇平均垃圾处理率 92.3%，污水处理率 82.3%，绿化率

关中灌区优质高产小麦连年丰收

礼泉县烟霞镇袁家村确立"休闲文化兴业、旅游富民增收"的发展思路，
走出了一条独特的乡村旅游发展道路

35.34%；31 个文化旅游名镇建成传统街区 29 条，4A 级景区达到 13 个，
3A 级景区达到 18 个。

> **◎链接**
>
> 　　2018 年，陕西省 35 个省级重点示范镇完成投资 118.34 亿元，占年
> 度任务的 147.93%；31 个文化旅游名镇完成投资 43.61 亿元，占年度任务
> 的 145.37%。文化旅游名镇旅游年吸引游客 2875.77 万人次，旅游综合收
> 入达 142.23 亿元，直接带动贫困人口就业 2.6 万余人，吸引回乡创业人
> 员 3.1 万人。

TUOPIN GONGJIAN
四、脱贫攻坚

　　2018 年，陕西省把脱贫攻坚作为头等大事和第一民生工程深入推进，出台《关于打赢脱贫攻坚战三年行动的实施意见》，脱贫攻坚有了"路线图"。同时，精准扶贫工作力度不断加码，坚持到村、到户、到人精准帮扶，让越来越多的群众看到了幸福的希望。2018 年，全省 104.5 万人实现脱贫，贫困发生率下降到 3.2% 左右，23 个贫困县有望摘帽。

　　2018 年，陕西省坚持精准扶贫精准脱贫基本方略，凝心聚力、砥砺奋进，脱贫攻坚取得了决定性进展。

精准扶贫为贫困地区注入新活力

1. "3+X" 帮扶体系成效明显

陕西省持续推进创新实施的国企合力团、校地结对"双百工程"、优质医疗资源下沉等"3+X"帮扶体系。截至 2018 年 9 月底，9 个国企合力团通过项目优先布局、搞好技术嫁接、实行资金注入等助力扶贫，已签约项目 123 个，开工项目 85 个，投资到位 79.4 亿元，带动贫困户 1.59 万户、2.36 万人实现就业；校地帮扶"双百工程"已建成产学研示范基地或落地实体项目 125 个，培训培养骨干教师、医生护士、农技人员和新型农民等6 万多人；优质医疗资源面向基层下沉力度加大，组建医疗队 112 个、医联体 101 个，派驻业务技术骨干和管理人员 2500 多人次参与帮扶，贫困人口县域内就诊率明显提升。

2. 苏陕扶贫协作持续深化

2018 年初，陕西省与江苏省对接，签署框架协议 14 个，签订产业发

西安市三家教育培训机构的老师在延安市洛川县石头小学支教

玉米丰收　　　　　　　　富平柿饼品质优良，远销国内外

展、产品购销、民生改善等合作协议 33 个，江苏省向我省投入扶贫协作资金较上年增加 3.9 亿元；深化携手奔小康行动，截至目前，我省 56 个贫困县与江苏省实现结对全覆盖，镇、村结对分别达到 239 对和 129 对，落地产业协作项目 232 个，总投资 49.7 亿元；通过建机制、搭平台、抓培训，推动贫困劳动力在江苏就业，2018 年已增至 7000 多人；推进人才交流合作，双方互派挂职干部 552 名。

3. 社会扶贫深入开展

2018 年，陕西省深入推进"万企帮万村"等社会扶贫活动，动员全省 5675 家民营企业全面投入脱贫攻坚主战场，累计投入资金 40.42 亿元，实施帮扶项目 1.24 万个，帮扶贫困人口 71.08 万人。中国社会扶贫网在我省上线运行，注册量达 347 万人，首批募集资金 8500 多万元，这项工作走在全国前列。各级工会、共青团、妇联等群团组织及慈善协会等社会组织助力脱贫攻坚工作深入推进，效果明显。10 月 12 日，国务院扶贫办在宝鸡召开全国社会组织扶贫现场观摩大会，将陕西省经验在全国推广。

PINGGUO
苹果——外交国礼

2015 年，荷兰国王威廉·亚历山大在延安访问时，品尝了当地果农种植的苹果，赞叹不已。从此，陕西苹果品牌随着对外交往而走向全球，多次作为国礼被赠予外国元首，受到各国政要的青睐。

陕西苹果色泽鲜艳，口感浓郁，甜度高，含水量高，品质居全国同类苹果之冠。因为这里海拔高、昼夜温差大、光照时间长，是全球唯一符合苹果生长 7 项气象指标的地区，被联合国粮农组织认定为世界最佳苹果优势生产区，其中主产区尤以淳化、洛川、永寿、乾县、白水、旬邑、三原、礼泉等为最佳。

陕西是我国最大的苹果主产省。2017 年，陕西苹果种植面积达 1100 万亩，产量占到全国总产量的 1/4、世界总产量的 1/7，成为全球集中连片苹果栽植面积最大的区域。陕西已建成 41 个苹果生产基地县，果品已批量出口世界 80 多个国家和地区，出口批次和数量均居全国第一。世界上每 7 个苹果，就有 1 个来自陕西，每 3 杯苹果汁，就有 1 杯是用陕西苹果制造的。

苹果产业成为农民增收致富的支柱产业。陕西农民 70% 的收入来自苹果。同时，千万亩苹果园还有效提高了陕西省的森林覆盖率。

随着"一带一路"建设持续推进，陕西作为丝绸之路沿线重要的苹果产区，陕西苹果已经逐步连通中亚乃至欧洲，正在成为新丝绸之路上的"友谊果"。

陕西苹果走向世界

苹果大丰收

2019

中国 陕西

2019 CHINA
SHAANXI

第四篇
THE FOURTH PART

开放陕西

陕西是"一带一路"建设的重要节点，地处国家地理版图几何中心。一小时航程可覆盖中西部主要城市，两小时可覆盖全国70%的领土和85%的经济资源，三小时基本可以覆盖全国所有的领土和人口。具有发展枢纽经济、门户经济、流动经济的独特优势。目前，陕西已与190多个国家和地区建立了经贸联系。世界500强企业中有110多家在陕西落户。中国陕西自由贸易试验区正在加快建设，在陕西举办的重大经贸和外事活动越来越多，陕西正在以更加自信的姿态走向世界。

一、融入"一带一路"

2018 年是"一带一路"倡议提出五周年，陕西立足和发挥古丝绸之路起点的历史文化优势，全面拓展对外开放的广度和深度，着力构打造"一带一路"核心区，建设内陆改革开放新高地，取得了丰硕的成果：

1. 中欧班列（"长安号"）贯通陕西与中亚、西亚、欧洲国际贸易大通道

中亚班列、中欧班列开行，为践行国家"一带一路"倡议，构建了连

"长安号"中欧班列

接中亚、辐射欧洲腹地的黄金物流大通道，为中国商品出口欧洲、欧洲产品进入中国开辟了一条安全、高效、便捷的国际进出口贸易大通道。

目前，西安开行了西安—白俄罗斯、西安—俄罗斯、西安—伊朗（阿富汗）运营线路，中亚、中欧班列运营线路已达 8 条。借鉴 PPP 模式，确定了"全面对接市场，一企一线"的运营思路，让有实力的物流企业以承包运行线路的方式共同参与班列运营。中欧班列"长安号"已成为陕西、西安建设丝绸之路经济带新起点的亮丽名片，成为满载中哈人民友谊的"幸福班列"。

2. 陕西煤业化工集团中大中国石油项目在吉尔吉斯斯坦运营

陕煤集团已在"一带一路"参与国家和地区规划了包括石油炼化、煤

陕煤集团中亚能源公司在吉尔吉斯斯坦建设的中大石油 80 万吨年炼油项目

化工、煤电一体化等项目。在陕煤集团的战略规划中，吉尔吉斯斯坦的中大石油炼油项目已逐步成为陕煤集团在中亚地区进一步拓展海外投资、践行"一带一路"倡议的支点和平台，成为我省在"一带一路"上的一颗明珠。"我们将主动融入'一带一路'建设，在吉尔吉斯斯坦石油炼化项目基础上，借助亚投行融资平台，积极在塔吉克斯坦、哈萨克斯坦、澳大利亚等地布局项目，拓展发展空间，提升国际化水平。"陕煤集团董事长、党委书记杨照乾说。

3. 陕鼓集团收购捷克 EKOL 公司并在多个国家建立分公司

"一带一路"倡议的提出，为企业提供了千载难逢的"走出去"机会。在此背景下，陕鼓集团也在积极开拓市场。集团近几年在包括俄罗斯、哈萨克斯坦这些丝绸之路沿线生产能源的国家，进行产品和技术等市场合作，2018 年在俄罗斯还有多个大项目推进合作。在产业发展方面，集团 2015 年收购了捷克 EKOL 汽轮机公司，这家公司在分布式能源领域有着设计与建设方面的丰富经验。陕鼓集团将该公司的经验和自身所拥有的能源产业装备相结合，建设了陕鼓"工业压缩机 + 驱动汽轮机"一体化系统解决方案和服务方案，在该项目发展上获得了行业领先。

陕鼓积极响应"一带一路"倡议，加快"走出去"的步伐，整合全球资源，成立了欧洲研发公司（德国），陕鼓欧洲服务中心（捷克）、印度服务中心、印尼服务中心、伊朗服务中心及香港服务中心和卢森堡服务中心等 12 家海外公司和服务机构，更快捷地为用户提供优质的系统服务和系统解决方案。目前，陕鼓还建立了遍布全球的营销体系，其分布式能源系统解决方案和工业流程领域节能环保装备产品已覆盖印度、伊朗、土耳其、美国、德国、巴西、俄罗斯、韩国、西班牙、印度、泰国、越南等 22 个国家和地区，为推进"一带一路"市场和深化国际产能合作持续发力。

西安爱菊粮油工业集团主动融入"一带一路"建设,积极构筑"哈萨克斯坦—阿拉山口—西安"三位一体、协同发展格局

4. 爱菊粮油集团在哈萨克斯坦建立产业园开展农业产能合作

爱菊集团哈萨克斯坦实施粮食贸易和产能合作项目,主要由"爱菊农产品加工产业园区"和"粮油种植基地"两部分构成。农产品加工产业园区占地5000亩,计划总投资约10亿元,主要建设内容包括一个日处理1000吨原料的油脂厂、一个日处理1000吨原料的面粉厂,合作建设乳制品加工区、食品加工区、豆制品加工区、牛羊肉加工区、电子商务区等。种植基地初期计划以"订单农业"形式,建设小麦、油菜籽种植基地100万亩,中期计划增加到200万亩,长期达到500万亩以上。截至目前,爱菊集团已投资1.5亿元,办理了园区土地手续,用时6个月完成年产16万吨油脂加工厂建设,于2016年12月6日投产试运营,配套建设了1.1万吨食用油罐和1.5千米铁路专用线,同时签订了100万亩油菜籽种植协议。另外,爱菊集团依托业已建立的合作渠道,2016年先后进口哈萨克斯坦优质非转基因油脂2300吨、面粉4600吨、小食品50吨,这些粮油

产品在陕西深受欢迎。

5. 法士特在泰国建立分厂并正常运营

2014 年 10 月 8 日上午，在新建成的现代化厂房内，法士特汽车传动（泰国）有限公司举行开工仪式，场面简朴而热烈。作为法士特集团第一家海外工厂，法士特汽车传动（泰国）有限公司位于泰国罗勇府合美乐东海岸工业园，总占地面积 40 亩，一期投资 4000 万美元，现已具备了年产 3 万台变速器的生产能力。随着泰国公司的建设完善，法士特不仅将致力于为东南亚地区的整车厂及终端用户提供优质的产品、专业的技术支持、完善的销售服务网络、及时的备件供应等全方位服务，并将由此辐射全球市场，开启了国际化发展新路径。

6. 陕汽重卡行销中亚等国

陕汽紧抓"一带一路"发展机遇，依托陕西省将汽车工业打造成支柱

陕汽重卡行销中亚等国

产业的规划构想，聚焦千亿目标，实现服务型制造转型战略升级。目前，陕汽重卡面向全球市场，科学布局，产品进入 80 多个国家和地区，企业实现跨越式发展。围绕"一带一路"建设，陕汽以西安商用车产业园为基地，不仅在新疆兴建了年产 5 万台的整车厂，而且在哈萨克斯坦与经销商合建装配厂，实现了本地化生产。

7. 中俄丝路创新园"一园两地"建设

中俄丝路创新园"一园两地"建设是由俄中双方合作共建，采取"一园两地"的方式，"两地"即在俄罗斯莫斯科州和陕西西咸新区沣东新城分别建设两个园区，两个园区通过"请进来、走出去"战略，促进俄中双方企业到对方国家投资发展，积极推动俄中企业资源共享，实现互利互惠。而"一园"的内涵则是，两个园区将由俄中双方共同打造，互为支点，以项目为平台，通过企业孵化、产业培育，吸引中俄企业到对方国家投资。

8. 欧亚经济合作产业园建设

西安欧亚经济综合园区核心区位于浐灞生态区腹地，规划区域为南至华清路、西至东二环及北辰大道、东北至绕城高速区域，面积约 45 平方千米。在"一带一路"建设背景下，核心区的建设将以开放合作为主线，以联动周边区域发展为重任，以机制创新为驱动，以绿色低碳为特色，立足"大金融、大商贸、大文化、大健康"的现代服务业发展趋势，积极推动"互联网 +"战略，主要布局西安金融商务区、西安领事馆区、自由贸易试验区、丝路会议会展区、丝路文化旅游合作区、欧亚商务贸易区、欧亚创意设计产业园区和休闲健康服务区等重点板块，着力构建"一带一路"国际合作交流重要承载区，打造西安国际化大都市的核心功能区和西安内陆型改革开放新高地建设的先行区、示范区。

二、自贸区建设

2017 年 4 月 1 日，中国（陕西）自由贸易试验区正式揭牌运行，陕西省以更加开放包容的姿态，积极融入全球经济循环体系，在更高水平的开放格局上实现合作共赢。

1. 目标定位

陕西自贸区的发展定位为，更好发挥"一带一路"建设对西部大开发带动作用、加大西部地区门户城市开放力度的要求，打造内陆型改革开放

中国（陕西）自由贸易试验区

新高地，探索内陆与"一带一路"沿线国家经济合作和人文交流新模式。

陕西自贸区的发展目标是经过 3—5 年改革探索，形成与国际投资贸易通行规则相衔接的制度创新体系，营造法制化、国际化、便利化的营商环境。建成投资贸易便利、高端产业聚集、金融服务完善、人文交流深入、监管高效便捷、法制环境规范的高水平高标准自由贸易园区，推动"一带一路"建设和西部大开发战略的深入实施。

2. 整体规划

陕西自贸试验区的实施范围 119.95 平方千米，涵盖三个片区：中心片区 87.76 平方千米 [含陕西西安出口加工区 A 区 0.75 平方千米、B 区 0.79 平方千米，西安高新综合保税区 3.64 平方千米和陕西西咸保税物流中心（B 型）0.36 平方千米]，西安国际港务区片区 26.43 平方千米（含西安综合保税区 6.17 平方千米），杨凌示范区片区 5.76 平方千米。

按区域布局划分，自贸试验区中心片区重点发展战略性新兴产业和高新技术产业，着力发展高端制造、航空物流、贸易金融等产业，推进服务

西安咸阳国际机场助力打造丝绸之路空中走廊和内陆
改革开放新高地建设

贸易促进体系建设，拓展科技、教育、文化、旅游、健康医疗等人文交流的深度和广度，打造面向"一带一路"的高端产业高地和人文交流高地。

西安国际港务区片区重点发展国际贸易、现代物流、金融服务、旅游会展、电子商务等产业，建设"一带一路"国际中转内陆枢纽港、开放型金融产业创新高地及欧亚贸易和人文交流合作新平台。

杨凌示范区片区以农业科技创新、示范推广为重点，通过全面扩大农业领域国际合作交流，打造"一带一路"现代农业国际合作中心。

3. 建设成果

截至 2018 年 11 月，陕西自贸试验区全部启动 165 项试点任务，落地实施 155 项，复制推广 138 项国务院、商务部推出的改革试点经验，形成制度创新案例 118 个，其中，"铁路运输方式舱单归并新模式""一带一路"语言服务及大数据平台服务贸易创新发展经验在全国复制推广。"积极打造'一带一路'现代农业国际合作中心"和"创新推进中欧班列发展，推动西向国际物流通道建设"的做法被全国 11 个自贸试验区借鉴

学习。

　　为更好地服务区域内企业，陕西自贸试验区全面落实企业工商登记注册"一口受理、并联审批""集群注册"和全程电子化，办理时限缩短至3个工作日以内。下放委托事项259项，持续推出"最多跑一次"服务事项，深入推进"证照分离"改革。创新办税模式，开通发票"网上申领、线下配送"平台和微信办税、在线预约等掌上服务产品。各功能区分别设立行政审批、市场监管专门机构，建立"一枚公章管审批、一支队伍管执法"的政府管理新模式。

　　融合"通丝路"、出口水果电子监管及质量追溯系统等特色服务功能于一体的国际贸易"单一窗口"上线运行，让企业覆盖率由2017年的30%提升到目前的70%以上。"货站前移""舱单归并"等24项监管服务措施，实现"一次申报、一次查验、一次放行"及24小时通关。

　　2018年，已有俄罗斯农业研究中心等11家机构和8家外国协会办事

阿里巴巴西部总部落户西安，示范效应引各方纷纷跟进

西安梁家滩国际学校

处入驻陕西自贸试验区。陕汽集团、隆基乐叶光伏、爱菊集团等陕西企业先后在俄罗斯、伊朗、马来西亚、哈萨克斯坦等国设立生产基地、分销网络、物流园区。数据显示，目前陕西企业在"一带一路"沿线国家和地区累计投资 11.4 亿美元，占全省累计境外投资的 25.3%。

除经济投资、产业园合作外，陕西自贸试验区还全力助推国际间人文交流合作项目。目前已与 40 多个国家（地区）建立了 71 个省级国际科技合作基地，组织实施 80 多个项目。联合 31 个国家（地区）128 所大学组成新丝绸之路大学联盟、职教联盟。与 18 个"一带一路"沿线国家博物馆联手打造智慧博物馆国际合作交流平台和历史文化研究交流平台。

三、国际交流

2018 年，陕西紧抓机遇，拓宽与丝路沿线国家和地区的合作交流，与世界各国各地区的友好交往也更加频繁。

1. 元首家乡外交

元首家乡外交是党的十八大以来陕西独有的大型外事活动品牌，是陕西依托国家外交战略，展示新形象的重大平台。改革开放以来，陕西省接待了 200 多位外国元首和政府首脑。

党的十八大以来，陕西接待了德国、意大利、乌兹别克斯坦、缅甸、韩国、几内亚等国总统，荷兰、柬埔寨等国国王，印度、尼泊尔、新西兰等国总理共 40 多位国宾，已经成为向世界展示中华文明和民族精神的重要舞台。

2. 友城交往

陕西以高层交往为引领，以互利共赢的项目合作为纽带，以加深了解增进互信为基石。按照项目合作促进友城关系、友城关系促进项目合作的思路，推进友城建设。截至目前，陕西省已经同 33 个国家建立了 84 对友城关系。

借助于友城的平台作用，陕西建立了非遗、美食、服饰、茶叶、中医等特色文化及产品走出去的常态机制，扩大了陕西省的国际知名度和影响力。

3. 交流平台

诸多高规格的会议、论坛、活动在陕西举办，陕西成为中国深化与丝绸之路经济带沿线国家经贸合作与文化交流的平台。

丝绸之路国际博览会　2018 年 5 月 11 日—15 日，第三届丝绸之路国际博览会暨中国东西部合作与投资贸易洽谈会在西安开幕。本届丝博会的主题为"新时代·新格局·新发展"。英国、马来西亚担任主宾国，贵州省、天津市担任主宾省（市），陕西省延安市担任主题市。本届丝博会围绕政府对话、企业合作、民间交流、友城互动等方面策划了6 大类 40 项会议活动，涵盖了经贸、人文、投资、科技、金融等 20 多个领域。

2018 年 5 月 11 日，在第三届丝绸之路国际博览会暨中国东西部合作与投资贸易洽谈会上，贵州省安顺市苗族姑娘展示蜡染服饰和芦笙表演

第五届丝绸之路国际艺术节

　　丝绸之路国际艺术节　　经党中央、国务院批准永久落户陕西，每年举办一届，由中华人民共和国文化和旅游部、陕西省人民政府共同主办，以加强与丝绸之路沿线国家和关联国家的文化往来，促进民心相通，提升中国西部省份对外文化交往水平。第五届丝绸之路国际艺术节于 2018 年 9 月在西安举办，来自俄罗斯、美国、意大利等 118 个国家和地区，以及江苏、陕西、浙江等国内 30 个省、自治区、直辖市的近 2000 名艺术家，借助艺术节的平台，走上舞台、走到群众中去，携手用艺术的语言谱写文化艺术交流的新篇章。

　　欧亚经济论坛　　上合组织框架下的经济合作机制，每两年举办一次，以上海合作组织国家为主体，面向广大欧亚地区的高层次、开放性国际会议，主要通过政商学界的广泛对话，发掘欧亚地区市场潜力，增进沿线各国的人文交流与文明互鉴。论坛自 2005 年创办以来，已成功举办六届，对增进欧亚各国相互了解、加快内陆地区"向西开放"进程，提升陕西外向型经济发展水平发挥了重要推动作用。欧亚经济论坛的会址永久性定在了陕西西安。

中国杨凌农业高新科技成果博览会（简称"杨凌农高会"） 由科技部、商务部、农业农村部、国家林业和草原局、国家知识产权局、中国科学院和陕西省人民政府共同主办，是国家 5A 级农业综合展会和国际展览业协会（UFI）认证展会。

杨凌农高会从 1994 年创办至今，连续成功举办了 24 届，累计吸引了 70 多个国家和地区以及我国 30 多个省区市的上万家涉农单位、

现代农业园区

2800 多万客商和群众参展参会，参展项目及产品超过 16 万项，交易总额 8400 多亿元，产生了显著的经济和社会效益，为促进我国农业科技创新示范、带动特色现代农业发展、加强中外农业合作交流发挥了重要作用。

农高会是目前国内规模最大、影响力最强、最受涉农企业和农业人士欢迎的展会，每届参展企业千余家，参会观众上百万，成交金额超过千亿元人民币。

陕粤港澳经济合作活动周 2018 年 11 月 10 日—17 日，第八届陕粤港澳经济合作活动周在广州、深圳、香港、澳门四地举行，进一步扩大了陕西省与粤港澳地区在科技创新、金融服务、现代物流、全域旅游

2018 年"文化陕西"（香港）旅游推介会上，来自宝鸡的马勺脸谱受到香港民众追捧

等重点领域的合作。

世界西商大会　2018 年 6 月 29 日—7 月 1 日，第二届世界西商大会在西安举行。本届大会以"'一带一路'：新时代、新西安、新西商"为主题，邀请国内外西安籍政、商、学、文界代表，"新西安人"民营企业家代表，"一带一路"沿线相关国家驻华使领馆代表等千余人参加。大会共签约项目 53 个，总投资额 3469.67 亿元。

4. 文化交流

2018 年，陕西省从多个方面同时发力，开展文化交流活动，"文化陕西"品牌影响力不断增强。

参加入城仪式的外国嘉宾

外交部陕西全球推介会现场

　　着力构建"一带一路"人文交流合作机制，2018年2月，《大汉苏武》在新加坡滨海艺术中心成功交流演出；2018年8月2日，匈牙利当代艺术展在西安开幕；2018年9月8日，第35届中国陕西·日本京都书画联展开幕。

　　打造"国风·琴韵"对外文化交流品牌，陕西与文化和旅游部以"部省合作"模式，于2017年、2018年先后与丹麦哥本哈根中国文化中心、巴基斯坦中国文化中心开展了全年文化交流合作，在当地多个城市的文化艺术机构开展了交流演出和"非遗"展览展示等活动。巴基斯坦主流报纸《黎明报》专栏报道了陕西省与巴基斯坦中国文化中心合作的"天涯共此时"文化交流活动。

　　联合北京、上海建立了国内首个入境旅游省际合作机制，"中国—欧盟旅游年"闭幕式在西安成功举办，成功主办了有30多个国家和地区参与的第5届西安丝绸之路国际旅游博览会。在举办"西安年·最中

2018 年 2 月 27 日，元宵佳节前夕，在西安留学的法国留学生带着家人游览西安城墙灯展

国"、中澳和中加旅游年"千人游陕西"、美国旅游作家协会"印象陕西"采风之旅等活动的同时，陕西省先后赴国内外主要客源地举办旅游推介会 50 多场次，新增 15 个"西安之窗"境外推广点。

积极推动与 OTA 等互联网企业和抖音等新媒体合作，与携程举办全球旅游目的地营销峰会、世界文化旅游大会峰会等，借助新兴媒体不断提升陕西文化的国际影响力。

黄帝陵

黄帝陵——中华民族的精神标识

2015 年春节前夕，习近平在陕西视察时指出："黄帝陵、兵马俑、延安宝塔、秦岭、华山等，是中华文明、中国革命、中华地理的精神标识和自然标识。"

黄帝陵，位于延安市黄陵县城北桥山，是中华民族始祖轩辕黄帝的陵寝，被国务院列为第一批全国重点文物保护单位古墓葬第一号，号称"天下第一陵""中华第一陵"。

黄帝陵是海内外中华儿女寻根祭祖之地，是中国历代王朝举行国家祭典之所。自汉代以来，官方的、民间的祭祀活动一直沿袭，成为凝聚中华儿女的精神纽带。

黄帝陵以其至上性、唯一性，成为中华儿女传承和弘扬中华文化的民族圣地，历朝历代都给予重视和保护，留下了包括"黄帝手植柏"在内的 8 万余株古柏群、大量名人题词碑刻等重要文物。2014 年 8 月，黄帝陵被列入世界文化遗产申报项目。

中华人民共和国成立后，毛泽东主席亲自批示，请周恩来总理部署对黄帝陵进行维修保护，并委托郭沫若同志题写"黄帝陵"碑。20 世纪 80 年代以来，大批港澳台同胞、海外侨胞，不远万里，奔赴桥山，共祭黄帝。特别是 1994 年以来，每年陕西省人民政府与国台办、国侨办都会联合举行清明公祭黄帝典礼活动，党和国家领导人专程参加。2006 年，清明公祭轩辕黄帝典礼被列入第一批国家级非物质文化遗产名录。2018 年 12 月 31 日晚，来自五大洲 10 多个国家的华人华侨代表齐聚中华始祖轩辕黄帝圣殿，参加"黄陵谒祖·祈福中华——2019 全球华人新年祈福大典"，讲好"中华根脉"故事，增强华人联系纽带。

当前，陕西省正加快建设黄帝陵国家文化公园，让这一中华民族的精神标识工程、中华儿女的寻根溯源工程、传统文化的薪火传承工程、面向世界的文明传播工程，集中展示黄帝文化、彰显民族精神，打造中华民族的精神家园。

黄帝手植柏

2019

中国 陕西

2019 CHINA
SHAANXI

第五篇
THE FIFTH PART

奋进陕西

2018 年是改革开放 40 周年，40 年来，陕西省人民用智慧和汗水谱写出陕西历史上最为壮丽的奋斗诗篇，追赶超越步伐不断加快，综合实力持续迈上新台阶，经济结构发生可喜变化，质量效益明显提高，经济社会进入了高质量发展的新时代。

SANGE JINGJI
一、三个经济

2017年9月，陕西省委书记胡和平在西咸新区空港新城调研时首次提出发展"枢纽经济、门户经济、流动经济"的理念。同年11月，陕西省领导干部学习贯彻党的十九大精神专题研讨班上再次提出，陕西要加快发展"三个经济"。同年12月，陕西省委十三届二次全会上强调，要以发展"三个经济"为突破口，着力打造新高地、拓展新空间，努力使对外开放成为新时代追赶超越的新优势。2018年1月，陕西省政府将大力发展"三个经济"列为重点工作，促进资本、信息、人才、技术等要素聚集。

"三个经济"体现了以开放促改革、以改革促创新、以创新促发展的新时代要求，是陕西抢抓"一带一路"机遇，加快构建全方位开放新格局，推动高质量发展的新引擎。

枢纽经济

"十二五"期间，陕西交通累计完成投资2548亿元

公路总里程达到17万千米

高速公路项目通车总里程突破5000千米

高速连通了全省97个县（市、区）

高铁路网"一日交通圈"初步形成

门户经济

五大中心

陕西着力打造"一带一路"交通商贸物流、国际产能合作、科技教育、国际文化旅游、丝绸之路金融"五大中心"。

丝绸之路金融中心

交通商贸物流中心

国际文化旅游中心

科技教育中心

国际产能合作中心

流动经济

2018年，西安咸阳国际机场年旅客吞吐量超过4460万人次，

其中，国际（地区）旅客量超过260万人次，

增幅32%，

增速位居全国十大机场首位。

机场全年货邮吞吐量首次突破30万吨，

同比增长20%，

增幅位居全国十大机场首位。

截至2018年10月30日，

中欧班列"长安号"国外开行共计1030列，

重载率99.9%，

居全国中欧班列第一阵营。

随着"一带一路"建设的**不断推进，**

陕西省着力办好丝博会暨西洽会、杨凌农高会等**重大活动，**

利用物流中心、保税区、出口加工区、高新综合区等建设**国际化合作新平台，**

增强对国内外优质资源要素的**吸引力与市场竞争力，**

促进人才、资金、技术、信息、物资等要素畅通流动和**优化组合，**

为新时代陕西经济发展提供**有力保障。**

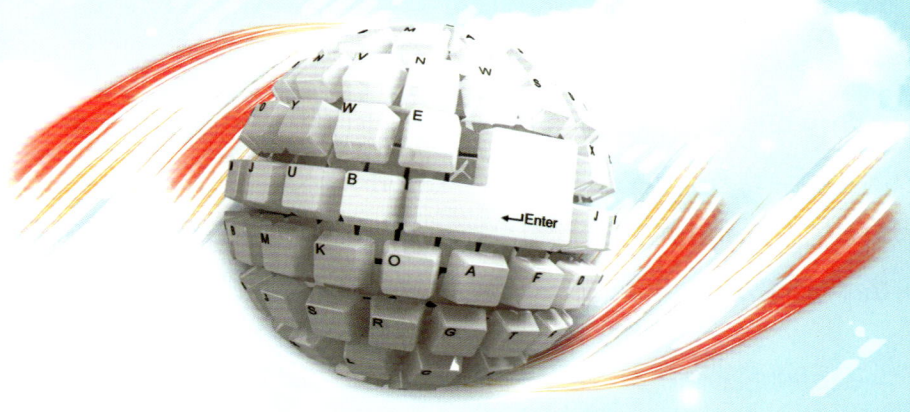

阿里、京东、海航、圆通、中通、传化集团等知名企业物流项目先后**落户西安，**

将其物流核心业务密集**布局陕西，**

促进了陕西**国际物流枢纽建设。**

ZHONGDIAN GONGZUO
二、2019 年重点工作

2019 年陕西省经济社会发展主要预期目标是：生产总值增长 7.5% ~ 8%，地方财政收入增长 6%，城乡居民收入分别增长 8% 和 9%，城镇登记失业率和调查失业率分别控制在 4.5% 和 5.5% 以内，居民消费价格涨幅 3% 左右，单位生产总值能耗下降 2.8%。重点抓好以下工作：

突出制造业高质量发展，加快建设现代产业体系

推进传统产业提质增效，促进建筑业优化升级，推动能源化工产业转型发展，加快发展战略性新兴产业，实施产业链推进方案，推动先进装备制造、集成电路、新能源汽车、新材料等产业和产品向价值链中高端跃升；做强以高端金属材料为代表的新材料产业；积极构建创新药物、现代中药等生物技术产业链；推动先进制造业与生产性服务业深度融合，大力推广陕鼓模式；深化西安、西咸新区国家服务业综合改革试点；切实增强制造业技术创新能力；健全军民融合政策和产业体系，加快创建西安国家军民融合创新示范区，争取国家军民融合服务平台落地；加快构建协同创新、优势叠加、产学研用一体的融合创新机制；完善创新创业支持政策，加强国家双创示范基地建设；加大知识产权保护力度，推行以知识价值为导向的分配政策，优化科研项目和经费管理。

◎ **链接**

陕鼓模式:

为响应国家号召,走出单一领域的局限,陕鼓集团提出"两个转变"的发展战略:一是由单一产品的供应商向分布式能源领域系统解决方案的提供商和服务商转变;二是由产品经营向客户经营、品牌经营、资本运营转变。通过不断研发技术、创新商业模式和服务理念,陕鼓集团在分布式能源领域取得了令人瞩目的成就。

集中力量攻坚克难,坚决打好三大攻坚战

打好防范化解重大风险攻坚战。打好精准脱贫攻坚战。聚焦深度贫

丰收的喜悦

困，落实精准要求，切实解决好"两不愁、三保障"面临的突出问题，实现 56.5 万人脱贫，29 个贫困县摘帽。打好污染防治攻坚战。实施好秦岭生态环境保护工作方案，铁腕实施蓝天保卫战和汾渭平原攻坚方案，推进能源清洁高效利用，加强湿地生态保护与恢复，推动畜禽养殖废弃物资源化利用，强化农业面源污染治理。

◎ 链接

"两不愁 三保障"：

现在的脱贫攻坚工作，衡量贫困人口是不是脱贫的标准是"两不愁 三保障"，即不愁吃、不愁穿，义务教育、基本医疗、住房安全有保障。

培育激发市场活力，持续释放内需潜力

发挥投资关键作用，加强基础设施、生态环保、公共服务等领域投资；抓好 600 个省级重点项目建设，努力扩大消费需求；深入实施消费升级行动计划，全年社会消费品零售总额增长 10% 左右；促进区域协调发展，统筹推进关中协同创新、陕北转型持续、陕南绿色循环发展；实施好关中平原城市群发展规划，支持县域经济发展和城镇建设，培育建设 50 个县域示范工业集中区，持续抓好重点示范镇、文化旅游名镇建设，有序发展特色小镇。

坚持农业农村优先发展，大力实施乡村振兴战略

着力构建现代农业产业体系，划定 2700 万亩粮食生产功能区，大力发展现代农业，深化农业供给侧结构性改革，促进农村一、二、三产业融合发展；积极打造生态宜居美丽乡村，建设 200 个以上乡村振兴示范村；

铜川市马咀欧洲风情小镇

创新农业农村体制机制；深化农村土地制度改革，深入推进农村集体产权制度改革，因地制宜开展"三变"改革，发展壮大集体经济，健全城乡融

◎ **链接**

农村"三变"改革：

通过市场化运作方式，深入开展农村资源变资产、资金变股金、农民变股东等三项改革，让村集体和农民群众享受到入股分红收益，进一步增加农民经济收入，切切实实让农民富起来，简称"三变"改革。

合发展机制，健全自治、法治、德治相结合的乡村治理体系，打造充满活力、和谐有序的善治乡村。

全面深化重点领域改革，不断增强发展内生动力

持续推进"放管服"改革。优化提升营商环境，加快建成全省一体化在线政务服务平台。全面落实"证照分离"，解决"准入不准营"问题。健全以"双随机、一公开"为主的监管体制，持续提升监管的公平性、规范性和有效性。深入推进国企国资改革。坚持政企分开、政资分开和公平竞争原则，做强做优做大国有资本，加快实现从管企业向管资本转变。坚决破除民营企业发展障碍，切实维护民营企业合法权益。积极推广"智慧县域＋普惠金融"，解决农户和小微企业贷款难问题。建立亲清政商关系，完善民营企业家参与涉企政策制定机制。加大财税金融改革力度，全面实施预算绩效管理，积极推进省以下事权与支出责任划分改革。

◎链接

"放管服"改革：

是简政放权、放管结合、优化服务的简称。也即政府部门下放简化行政权、利用新技术新体制加强监管体制创新，减少政府对市场进行干预。

加快发展"三个经济"，深度融入"一带一路"建设

大力发展枢纽经济。织密公路网、做大铁路网、优化航空网、构建综合交通网、做强信息网，加快建立陆空互动、多式联运的综合交通运输体系。积极建设"宽带陕西""云端陕西"，完善高速信息网。大力发展门户经济。着力打造"一带一路"五大中心，提高全球资源配置能力。大力发展流动经济。实施特殊人才支持计划，加强院士专家工作站、博士后工作站、

技能大师工作室和技术人才发展平台建设。扎实推进"互联网＋物流"建设，完善城乡配送体系。创建一批省级示范物流园区。畅通能源供给通道，加强信息互联互通。提升利用外资质量水平，支持企业开拓海外市场。

◎ **链接**

"云端陕西"战略：

"云端陕西"战略是陕西省委、省政府确定的关于加快网络经济和数字经济发展的基础性战略工程。

坚持以人民为中心，加强保障和改善民生

积极稳就业促增收，鼓励创业带动就业，健全职工工资决定和正常增长机制。加大教育投入，深化教育改革，加强教师队伍建设。积极发展学前教育，将普惠性幼儿园覆盖率提高到80％。优化义务教育资源配置，

一流大学，一流学科

加大省级标准化和示范化高中创建力度，加快推进高校"四个一流"建设，办好继续教育、特殊教育。支持、引导、规范社会力量兴办教育。深入推进健康陕西建设，持续完善社会保障体系，继续提升基本公共文化服务水平，坚决抓好安全生产工作。打造共建共治共享的社会治理格局。

◎链接

"四个一流"：

即中国高等教育四个一流，是指国家建设高等教育强国要统筹做好的一流大学、一流学科、一流本科、一流专业。

ZHONGDA XIANGMU JIANSHE
三、2019 年重大项目建设

抓好 100 个总投资 500 亿元的重大技改项目建设，促进传统产业数字化、网络化、智能化。推动能源化工产业转型发展，加快推进榆林 80 万吨乙烷制乙烯等重大项目落地。完成 78 户"僵尸企业"处置和 210 万吨煤炭去产能任务。做大做强轨道交通、工业机器人等产业，加快推进"新舟"700 飞机研制生产、C919 飞机配套、通用飞机和无人机等产业发展。抓好三星二期、华天集成电路封装测试、奕斯伟硅材料等重大项目建设。大力推进比亚迪二期、陕汽商用车等整车项目，加快完善汽车产业链配套。

大力实施产业就业扶贫，确保有条件的贫困户至少有 1 个增收产业，有劳动力的贫困家庭至少有 1 人稳定就业。完成"两房"建设任务，大力推进易地搬迁户旧房腾退、宅基地复垦。

实施好秦岭生态环境保护工作方案，加大桥山、白于山区、渭北旱塬水土流失区保护和修复力度，铁腕实施蓝天保卫战和汾渭平原攻坚方案，持续推进清洁取暖、散煤治理、"散乱污"企业综合整治和柴油货车专项整治。推进能源清洁高效利用，单位生产总值二氧化碳排放下降 3.9%。

加强人工智能、工业互联网、物联网、智慧城市等新型基础设施建设，加快东庄水库、引汉济渭等重大水利项目建设，全力推进陕北—武汉输电通道等项目建设。加快创建全域旅游示范省，打造国际一流旅游中心，加快建设 17 个国家全域旅游示范市县，积极创建延安革命纪念地等 5A 级景区。

加快西安国家中心城市建设，推动杨凌示范区提质升级，促进西咸新区围绕国家创新城市发展方式试验区的定位，培育建设 50 个县域示范工业集中区，支持县域经济发展和城镇建设。

大力发展现代农业，加快发展苹果、奶山羊、设施农业 3 个千亿级产业和茶叶、红枣、核桃、食用菌等区域特色产业。促进农村一、二、三产业融合发展，建设果蔬贮藏百库和果蔬"产加销"物流冷链综合体，建设好蓝田县、大荔县、榆阳区 3 个国家农村产业融合发展示范园。

建设 200 个以上乡村振兴示范村。加快"四好农村路"建设，实施农村危房改造、电网升级、饮水安全巩固提升和气化农村等工程，推动农村基础设施和公共服务提档升级。深入推进农村集体产权制度改革，总结千

发展现代农业

村试点经验，实施万村推进工程，因地制宜开展"三变"改革，发展壮大集体经济。充分发挥农业龙头企业和行业协会作用，积极培育家庭农场、农民合作社等新型经营主体。

加快建成全省一体化在线政务服务平台，以"一网通办"为群众办事创业提供便利。全面落实"证照分离"，解决"准入不准营"问题。健全以"双随机、一公开"为主的监管体制。

加快建立陆空互动、多式联运的综合交通运输体系。完善省际及省通市、通县高速公路网，加大西延、西十、西康、延榆高铁项目推进力度，加快西安至韩城城际铁路和西安火车站改扩建等项目建设，大力支持中欧班列加快发展。推进西安咸阳国际机场三期、卤阳湖国家民机科研试飞基地建设。

积极建设进口商品展示交易分拨中心、跨境电商国际合作中心、加工

黄延高速公路扩能工程建成通车

贸易产业转移承接中心。拓展国际航线。加快建设临空经济示范区，围绕空港、陆港打造产业集群。

扎实推进"互联网＋物流"建设，完善城乡配送体系，积极培育无车承运人、智慧物流等现代物流新业态，支持京东、顺丰、UPS 等国内外物流龙头企业在陕发展。打造陕西—吉尔吉斯能化合作聚集区等境外产业园区，建设"海外仓"和陕西商品展示中心，推动出口市场多元化。

保障性安居工程

完善住房保障体系，新开工棚户区改造 9.8 万套，持续改善人民群众住房条件。加强县域图书馆、文化馆和社区、农村综合文化服务中心建设，完善农村广播电视现代传输覆盖体系。加快推进碑林博物馆、陕西历史博物馆、秦始皇帝陵博物院改扩建和黄帝陵文化园区建设等重大文化工程。

"河长制"管理制度保障了"一江清水供京津"

汉江——一江清水送京津

　　汉江，又称汉水，是长江最大的支流，全长 1577 千米，流域面积 17.43 万平方千米。其中，陕西境内长 657 千米，属上游段，山地河流发育，支流众多。

　　汉江干流发源于宁强县的冢山，自西而东流经勉县、汉中市、城固县、洋县、石泉县、汉阴县、紫阳县、安康市、旬阳县，于白河县进入湖北省。

　　历史上，汉江流域（特别是汉中）曾是重要军事重镇，为沿线农业生产和水利事业的发展发挥着重要作用，留下了汉中三堰等著名灌溉工程遗产，造就了两汉三国、南北融合的特色文化。当前，汉江流域以其丰富的自然资源、优越的生态条件，成为中国重要的生态功能区。

　　1952 年，毛泽东同志提出："南方水多，北方水少，如有可能，借点水来也是可以的。"这是南水北调宏伟构想的首次提出。南水北调，就是把中国长江流域丰盈的水资源抽调一部分送到华北和西北地区，从而改变中国南涝北旱和北方地区水资源严重短缺局面的重大战略性工程。汉江是中国中部区域水质标准最好的大河，有人称其是中国目前唯一没被污染的大江。因此，南水北调中线工程的水源便来自汉江。陕西汉江段成为南水北调中线工程的水源涵养区，为工程注入了 70% 的清洁水量，北京市民所喝的每一杯水可能半杯多来自汉江。

　　2014 年 12 月 12 日，长 1432 千米、历时 11 年建设的南水北调中线工程正式通水，每年向北方输送 95 亿立方米的水量，相当于 1/6 条黄河，基本缓解北方严重缺水的局面。2015 年初，习近平总书记来陕考察时指出："南水北调已经进京，一旦污染，就会造成严重后果。一定要从源头上加强治理，深化水质保护。"

　　南水北调中线工程通水后，陕西的工作重点从工程建设转向运行管理和水质保护，由"保通水"向"保供水"转变。省政府制定了《汉江丹江流域水质保护行动方案》，推进水质保护工作落实。在汉江流域建设城镇污水和垃圾处理设施，关停污染企业、促进清洁生产，开展水土保持和种植结构调整，推进水源地绿色循环发展，水源区保护工作取得显著成效。汉江出省境水质常年保持在 Ⅱ 类，丹江出省境水质稳定在 Ⅲ 类，主要入库河流水质符合水功能区要求，兑现了"一泓清水永续北上"的庄严承诺。

南水北调中线工程水源地实现绿色循环发展

2019

中国 陕西

2019 CHINA
SHAANXI

APPENDIX

附录

附录一

三秦城市概览

开放西安　文化名都

西安古称长安，是陕西省省会，世界历史文化名城，国家重要的科研、教育和工业基地。作为古丝绸之路的起点，西安正在向亚欧合作交流的国际化大都市迈进。

夜曲江

青铜之乡　文明宝鸡

宝鸡青铜器博物院

宝鸡古称陈仓，是陕西省第二大城市，也是我国承接东西、连通南北的重要交通枢纽。宝鸡是我国西部工业重镇，有"中国钛谷"之称。

大秦故都　德善咸阳

咸阳是中华民族繁荣富强的发端地和秦文化的发源地，也是中国大地原点所在地、中国农耕文明的发祥地。咸阳现已发展成为国家重要的商品粮生产基地和优质苹果、蔬菜生产基地。

咸阳奥体中心

药王故里　五彩铜川

铜川药王山

铜川是药王孙思邈故里，也是中国红色革命的根据地、黑色煤炭富集地和绿色生态的养生地。耀州窑久负盛名，中国历史文化名镇陈炉被誉为"东方古陶瓷生产活化石"。

三圣故里　人文渭南

渭南博物馆楼顶空中花园

　　渭南是中华民族的重要发祥地，是中国的戏曲之乡和民俗之乡。渭南工农业齐头并进，既被称为陕西的"粮仓""棉库"，也有"中国钼都""华夏金城"之誉。

延安新区学习书院

革命圣地　魅力延安

　　延安是历史文化名城，全国优秀旅游城市和爱国主义、革命传统、延安精神三大教育基地。延安旅游资源独具特色，旅游业具有广阔前景；矿产资源丰富，是中国石油工业的发祥地。

能源新都　幸福榆林

公园之城——榆林

　　榆林素有"九边重镇"之美誉，是国家历史文化名城。榆林自古多元文化交汇，集边塞、游牧、黄土、红色文化于一体。榆林能源富集，是建设中的国家能源化工基地。

汉中市城市建设日新月异

两汉三国　真美汉中

　　汉中是国家历史文化名城，三国两汉文化的主要发祥地，名列"中国最美十大城镇"。汉中生物资源丰富，素有"生物资源宝库"之称，也是全国重要的中药材生产基地。

秦巴明珠安康城

秦巴明珠　生态安康

安康是我国西部地区重要的清洁能源基地、区域交通枢纽，也是"南水北调"中线工程核心水源区。安康自然资源富集，是全国富硒茶、绞股蓝、魔芋之乡。

雄秦秀楚　最美商洛

商洛地跨长江、黄河两大流域，为革命老区，有丰富的生物、矿产和旅游资源。现已形成现代材料、现代中药、绿色食品、生态旅游四大特色产业体系。

最美商洛

杨凌农博园

世界知名农业科技创新城市——杨凌

杨凌是华夏农耕文明的发祥地之一，是我国首个农业高新技术产业示范区、中国自由贸易试验区中唯一以农业为特色的片区，也是我国西北地区最重要的农科教基地。

史记韩城　黄河特区

韩城古称龙门，是中国历史文化名城、中国西部能源建材及化工基地、中国花椒之都。韩城正在加快建设黄河沿岸区域性中心城市，引领黄河经济带协同发展。

韩城"一带一路"国际灯光艺术节

附录二

SHAANXI KAOGU YIZHI

2010 年以来,陕西入选 "全国十大考古新发现" 的考古遗址

2010 年　陕西西安凤栖原西汉家族墓地

　　该西汉家族墓地等级较高、墓主可考、规划有序、时代延续较长,为研究汉文化乃至汉代社会结构提供了极为难得的资料。

2012 年　陕西神木石峁遗址

　　石峁遗址系目前国内所见规模最大的龙山时期至夏阶段（属于新石器时代）城址,对进一步理解 "古文化、古城、古国" 框架下的中国早期文明格局具有重要意义。

2013 年　陕西宝鸡石鼓山商周墓地

　　石鼓山墓地发现商周墓葬 15 座,出土文物 230 余件（组）,其中的高领袋足鬲改变了以往此类鬲不可能晚到西周的观点。

2013 年　陕西西安西汉长安城渭桥遗址

　　渭桥遗址在东西 400 米的范围内发现 5 座大型桥梁,这在考古学上尚属首次。其中一号桥是目前世界上发现的最大的木梁柱桥,也是丝绸之路从汉长安城出发后的第一座桥梁。

2015 年　陕西宝鸡周原遗址

遗址中的建筑遗址是迄今为止规模最大的西周单体建筑基址，还具有殷移民特色的普通"居址—墓葬区"。一系列发现，共同构成了对西周都邑性聚落人群构成和社会结构的新认识。

2016 年　陕西凤翔雍山血池秦汉祭祀遗址

该遗址为首次在秦都雍城附近发现的与古文献记载相吻合、时代较早、规模最大、性质明确、持续时间最长，且功能结构趋于完整的国家大型祭祀遗址。

2017 年　陕西高陵杨官寨遗址

墓葬年代为庙底沟文化时期，是国内首次确认的庙底沟文化大型成人墓地。

2017 年　陕西西安秦汉栎阳城遗址

遗址内首次出土了清晰的"栎阳"陶文，确认了"商鞅变法"发生地正是栎阳。栎阳城是中国城市发展阶段上的重要环节，对研究秦汉都城的规划、中国城市的发展史都有重要价值。

陕西历史博物馆 兽首玛瑙杯

陕西历史博物馆 舞马衔杯仿皮囊式银壶

秦始皇兵马俑博物馆 铜车马

法门寺博物馆 铜浮屠

法门寺博物馆 八重宝函

西安碑林博物馆 大秦景教流行中国碑

法门寺博物馆 银花双轮十二环锡杖

西安碑林博物馆 景云铜钟

陕西历史博物馆 淳化大鼎

宝鸡青铜器博物院 何尊

宝鸡青铜器博物院 西周墙盘

陕西茂陵博物馆 茂陵石雕

附录四

SHAANXI JINGHUA LÜYOU XIANLU
陕西精华旅游线路

1  日游

线路一　西安古都一日游（市内）

钟鼓楼　陕西历史博物馆　碑林　城墙　书院门文化一条街

线路二　西安古都一日游（市内）

大雁塔　小雁塔　大唐芙蓉园　清真大寺　高家大院　坊上清真小吃一条街

线路三　东线一日游

秦始皇兵马俑博物馆　华清池　秦始皇陵　半坡博物馆

线路四　西岳华山一日游

线路五　西线一日游

法门寺　乾陵　永泰公主墓

2日游

线路一 东线二日游

第一日

西安出发赴华山  游览华山后赴韩城  夜宿韩城

第二日

游览党家村  司马迁祠  韩城文庙  黄河龙门  返回西安

线路二 西线二日游

第一日

西安出发赴乾陵  游览乾陵、法门寺  夜宿宝鸡

第二日

游览宝鸡青铜器博物院  楼观台  返回西安

3 日游

线路一 红色之旅三日游

第一日

西安出发赴延安 —— 途中游览耀州窑博物馆 —— 黄帝陵 —— 轩辕庙

抵达延安后游览清凉山 —— 夜宿延安

第二日

参观宝塔山 —— 杨家岭 —— 枣园 —— 延安革命纪念馆后赴壶口 —— 夜宿壶口

第三日

游览黄河奇观壶口瀑布 —— 返回西安

线路二 安康三日游

第一日

西安出发赴安康 —— 游览香溪洞风景区 —— 瀛湖风景区 —— 夜宿安康

第二日

赴岚皋 —— 游览南宫山 —— 岚河漂流 —— 夜宿岚皋

第三日

返回安康 —— 选购陕南特产 —— 返回西安

4·日游

榆林四日游

第一日

西安出发赴榆林  途经黄帝陵 延安 白云山 夜宿榆林

第二日

游览镇北台  红石峡 榆林老街 夜宿榆林

第三日

赴神木市  游览红碱淖 二郎山 夜宿神木

第四日

返回西安

游 1

火车站 ◉ 华山

游 2

火车站 ◉ 法门寺 ◉ 太白山

游 3 🚌

火车站东广场 ◉ 乾陵

陈炉古镇

瀛湖

塔云山

东方红大剧院

油菜花海

游 4 🚌

大唐芙蓉园南门 ◉ 汉阳陵

游 5（306）🚌

火车站 ◉ 华清池 ◉ 兵马俑

游 6 🚌

火车站 ◉ 南门 ◉ 大兴善寺 ◉ 陕西历史博物馆 ◉ 大雁塔 ◉ 青龙寺 ◉ 曲江生态花园 ◉ 唐苑

游 7 🚌

火车站 ◉ 钟楼 ◉ 南门 ◉ 小雁塔 ◉ 高新区 ◉ 西安职业技术学院

游 8（610）🚌

赵村 ◉ 火车站 ◉ 八路军办事处（八办）◉ 革命公园 ◉ 钟楼、鼓楼 ◉ 小雁塔 ◉ 大兴善寺 ◉ 陕西历史博物馆 ◉ 大雁塔 ◉ 大唐芙蓉园 ◉ 曲江海洋世界

游 9（320）🚌

金花北路 ◉ 秦岭野生动物园

游 10（903）🚌

渭河电厂 ◉ 城市运动公园 ◉ 华清村

环山旅游 1 号线路 🚌

大雁塔北广场 ◉ 楼观台

环山旅游 2 号线路 🚌

大雁塔北广场 ◉ 洪寨

附录五

陕西特产

临潼石榴

石榴相传为西汉张骞出使西域时引进中国的，距今已有 2000 年的历史。临潼石榴皮红个大，皮薄子满，色泽鲜艳，味美可口。

西凤酒

西凤酒产于凤翔县，因凤翔位于关中西部，故称西凤酒。西凤酒距今已有 2600 多年的历史，是我国八大名酒之一，现远销海内外。

陕北红枣

陕北红枣主要产于黄河沿岸的宜川、延川、清涧、吴堡、佳县、神木、府谷等县，它以果大、核小、皮薄、肉厚、味醇、油性大、色红、酸甜可口，含丰富的蛋白质、维生素、矿物质闻名于世。

稠酒

稠酒又名"黄桂稠酒"，是一种古老名酒。盛唐时期朝野上下无不饮之。党和国家领导人多次用它来招待和宴请贵宾。郭沫若曾赞誉它"不像酒、胜似酒"。

陕南茶叶

陕茶主要种植区域在巴山北麓，陕南三市所辖的 28 个县区。著名品牌有汉中仙毫、紫阳富

硒茶、商南泉茗、定军茗眉、汉水银梭、午子仙毫，以及由陕南茶叶制作的著名黑茶系列——泾渭茯茶等。

核桃

陕西渭北一带和商洛地区是著名的核桃之乡，年产量为全国第一。核桃富含蛋白质、维生素、矿物质，对人体有较高的保健作用。

秦椒

秦椒素有"椒中之王"的美称，是陕西一项大宗出口商品，畅销国际市场。

中华猕猴桃

其形小似核桃，大如鹅卵，皮色褐绿，内瓤翠绿，清香酸甜，营养价值较高，它除了可以食鲜果，还可加工成果汁、果酒和果酱等。

临潼火晶柿子

火晶柿子是临潼特有的柿树品种。柿子个小色红，晶莹光亮，皮薄无核，深受国内外游客欢迎。

富平柿饼

又称富平合儿饼。以富平县自产的优质柿子制成。形似圆月，肉红透明无子，凝霜后，白里透红、皮脆柔软、清甜爽口，因两个相对成一盒而得名。柿饼质地透明，营养丰富，具有润肺、补血、健胃、止咳等药理功能。

苹果

　　陕西苹果是全球知名品牌，已经被定为国礼，产量、品质均为中国第一。因为陕西的渭北平原和黄土高原地带，日照充分，昼夜温差适当，最适宜苹果生长。故陕西苹果酥脆香甜，微酸爽口，汁多味正。

陕北小米

　　产于陕北延安、榆林一带的小米。陕北地区光热资源充足，昼夜温差大，因而盛产谷子。谷子成熟后稍加工，即成黄灿灿、香喷喷的小米。得益于得天独厚的自然条件，陕北小米养分积累多，营养价值高，是极具辨识度的陕西特产。

附录六
SANQIN MEISHI
三秦美食

陕西不仅有丰富灿烂的历史文化，还有流传深远的美食文化。陕西美食博采各地之精华，兼收民族饮食之风味，挖掘、继承历代宫廷小吃之技艺，因而以其品种繁多、风味各异而著称。

羊肉泡馍简称羊肉泡、泡馍，制作原料主要有羊肉、葱末、粉丝、糖蒜等，古称"羊羹"。它烹制精细，料重味醇，肉烂汤浓，肥而不腻，营养丰富，香气四溢，诱人食欲，食后回味无穷。

邋邋面，是陕西关中特色传统风味面食，由手工拉成宽厚的面条，用酱油、醋、味精、花椒等佐料调入面汤，捞入面条，再淋上热油而成。因为制作过程中有邋、邋的声音而得名。

肉夹馍，实际是两种食物的绝妙组合：腊汁肉，白吉馍。肉夹馍融腊汁肉、白吉馍为一体，互为烘托，将各自滋味发挥到极致。馍香肉酥，肥而不腻，回味无穷。腊汁肉历史悠久，闻名中国，配上白吉馍，有着中式汉堡的美誉，扬名中外，深受人们喜爱。

葫芦头，西安传统特色小吃。它是以猪大肠和猪肚混合烩煮而成，风味独特。其历史悠久，源于北宋街市食品中的"煎白肠"。因猪大肠油脂较厚，形状像葫芦，因此称为葫芦头。

笼笼肉，以生鲜肉佐以辅料蒸成，色泽红亮，咸辣兼备，肥而不腻。

肉丸胡辣汤，牛羊骨头熬成的汤勾芡后，加入浑圆的牛肉丸子，切成块状的土豆、莲花白、胡萝卜、菜花、芹菜等，是陕西人喜爱的早餐食品。

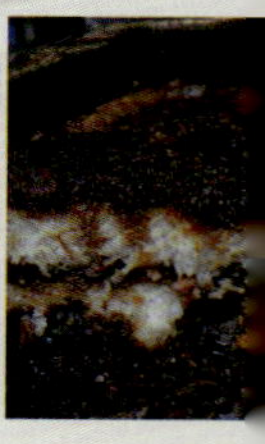

汉中热米皮，是陕西南部汉中地区的著名特色小吃。一般是把大米浸泡后磨成米浆，上笼蒸成薄皮儿，趁热抹上菜籽油，切成条状，依个人口味调入油泼辣子、味精、精盐、醋、酱油、蒜泥水等佐料，拌匀即可食用。当地多热食，称热米皮。

菜豆腐，是汉中的特色美食之一，也是中国饮食文化的一绝。坊间流传当年刘邦被封为汉中王时就有此吃法，由此可见其历史悠久。菜豆腐是将黄豆浸泡、打磨成浆，小火烧开，加入浆水酸菜汤制成。食用时配以小菜，风味独特。

　　油糕，由黍科糜子、大枣精制，经油炸而成。其形椭圆，内中有红糖或白糖的馅。其味清香细腻、香甜可口，是陕北地区的特色美食。

　　羊杂碎，由羊的心、肝、肺、胃、肠等原料混合烩制而成。一般将煮好的羊杂切碎，配以以姜为主的佐料汤食用，质绵，爽口，味美，是陕北地区特有的美食。

　　荞面饸饹，是以荞面、羊肉、土豆、香菜等为主要食材制作的美食，风味独特，营养丰富。

　　洋芋叉叉，是以土豆条和面粉糅合后蒸制而成，是陕北人喜爱的美食。

　　三秦大地，有数不尽的美食——酸辣鲜香的酸汤水饺、宽厚筋道的鲤鲤面、菜香浓郁的麦饭、香甜黏牙的甑糕、咬一口汤汁四溅的灌汤包子……它们便宜实惠、好吃温暖，是典型的平民美食。游客只需沿着街市一路走来，寻香而去，便可尽享三秦美食。

榆林城中公园

茶园春色

茶叶——丝绸之路的文化使者

CHAYE

中国是茶的故乡,是世界上最早发现、栽培、利用茶叶的国家。丝绸之路开辟后,茶叶后来居上,成为丝绸之路贸易的主角。

陆羽《茶经》中说,"茶之为饮,发乎于神农氏"。陕西茶叶种植历史悠久,渭河流域的宝鸡、汉江上游的汉中与安康是中国最早的茶叶产区之一。这里竹木茂密,气候湿润,四季云雾弥漫,全年直射光线少,紫外线照射时间短,对茶叶的发育和芳香油素、单宁、维生素等含量的增长极为有利,早在汉朝时期,就属于我国的七大茶区之一。2016年5月6日,吉尼斯世界纪录认证,由陕西省考古研究院于汉阳陵挖掘的茶叶距今约2100年,为迄今为止发现的"最古老的茶叶"。陕西绿茶统称为"陕青",色泽绿润,泡茶后水色清澈,回味甘醇,富含锌、硒等微量矿物质元素。主要出产于陕南秦巴山区,分布在汉中、安康、商洛三市,现有午子仙毫、紫阳毛尖等多个知名品牌。紫阳县、西乡县、平利县、商南县、宁强县、镇巴县先后获得"中国茶叶百强县"和"中国名茶之乡"等美誉。茯茶,起源于陕西泾阳,兴于宋,盛于明清和民国时期,距今已有近千年历史,它是中国最早出现的紧压茶。茯砖茶茶体紧结,色泽黑褐油润,金花茂盛,菌香四溢,茶汤橙红透亮,滋味醇厚悠长。具有独特的品质和口味,以及化腻健胃、御寒提神的饮用功效,尤其适合高寒地带及高脂饮食地区人群饮用。

2017年热播的电视剧《那年花开月正圆》,让茯茶开始在年轻群体中迅速走红。

2018年2月,英国首相特蕾莎·梅来陕访问期间品尝了泾渭茯茶,对其独特风味大加赞赏。

陕西省把茶叶作为重点产业,持续扩大茶园和茶叶产量,在一批龙头企业带动下,发展"公司+基地+茶农"模式,走产销一条龙道路,陕西茶产业已进入发展快车道。2017年,陕茶总面积251万亩、总产量11.4万吨,总产值153亿元,茶叶成为陕南农民群众脱贫致富和生态保护的主要产业。

目前,陕西茶叶除畅销国内市场外,还出口到俄罗斯、蒙古、日本、韩国以及中东、欧洲等国家和地区,成为"一带一路"建设中的文化使者,向世界传播中华民族的茶文化。

图书在版编目（CIP）数据

2019 中国陕西 / 陕西省人民政府新闻办公室编 . —西安：陕西
人民出版社，2019

ISBN 978–7–224–13146–8

Ⅰ . ① 2⋯ Ⅱ . ①陕⋯ Ⅲ . ①陕西—概况—2019 Ⅳ . ① K924.1

中国版本图书馆 CIP 数据核字（2019）第 045392 号

2019 中国陕西

编	者	陕西省人民政府新闻办公室
出版发行		陕西新华出版传媒集团　陕西人民出版社
		（西安北大街 147 号　邮编：710003）
印	刷	陕西金和印务有限公司
开	本	787mm×1092mm　1/16
印	张	10.5
字	数	135 千字
版	次	2019 年 3 月第 1 版
印	次	2019 年 3 月第 1 次印刷
书	号	ISBN 978–7–224–13146–8
定	价	68.00 元

如有印装质量问题，请与本社联系调换。电话：029–87205094